AF232149

ÉCRITURE ET DE LA LANGUE

PAR

M. G. MORISSE

INTERPRÈTE DE LA LÉGATION DE FRANCE A PÉKIN

EXTRAIT

DES MÉMOIRES PRÉSENTÉS PAR DIVERS SAVANTS

A L'ACADÉMIE DES INSCRIPTIONS ET BELLES-LETTRES

1re SÉRIE. TOME XI, 2e PARTIE

PARIS

IMPRIMERIE NATIONALE

LIBRAIRIE C. KLINCKSIECK, RUE DE LILLE, 11

MDCCCCIV

(*Voir la suite page 3 de la couverture.*)

CONTRIBUTION PRÉLIMINAIRE

À L'ÉTUDE

DE L'ÉCRITURE ET DE LA LANGUE SI-HIA

CONTRIBUTION PRÉLIMINAIRE

À L'ÉTUDE

DE L'ÉCRITURE ET DE LA LANGUE SI-HIA

PAR

M. G. MORISSE

INTERPRÈTE DE LA LÉGATION DE FRANCE À PÉKIN

EXTRAIT
DES MÉMOIRES PRÉSENTÉS PAR DIVERS SAVANTS
À L'ACADÉMIE DES INSCRIPTIONS ET BELLES-LETTRES
1ʳᵉ SÉRIE, TOME XI, IIᵉ PARTIE

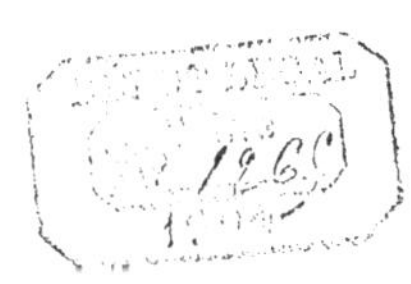

PARIS

IMPRIMERIE NATIONALE

LIBRAIRIE C. KLINCKSIECK, RUE DE LILLE, 11

MDCCCCIV

CONTRIBUTION PRÉLIMINAIRE

À L'ÉTUDE

DE L'ÉCRITURE ET DE LA LANGUE SI-HIA.

C'est, croyons-nous, pour la première fois, en 1870, que
l'attention des épigraphistes et des sinologues fut attirée sur
une langue jusqu'alors ignorée, dont l'unique spécimen connu
à cette époque avait été transmis jusqu'à nous par l'inscription
hexaglotte de la porte de Kiu-yong-kouan, près de Pékin. Les
cinq autres textes figurant dans cette inscription étaient en
caractères devanāgarī, tibétains, mongols phags-pa, ouïgours
et chinois et consistaient, chacun et pour chacune des deux
parois de la voûte, en deux parties contiguës mais différant légèrement entre elles par la dimension des caractères : la première
était la transcription phonétique d'une dhāraṇī (prière mystique
en langue sanscrite); la seconde, en écriture plus petite, pré-
sentait la traduction, dans chacune des langues précitées, d'un
abrégé ou résumé du sūtra d'où la prière se trouvait extraite.

Le cadre restreint imposé à la présente étude m'interdit,
pour le moment, de m'appesantir sur les travaux des savants
orientalistes qui ont porté leurs investigations sur cinq des
langues de l'inscription de Kiu-yong-kouan. Ces travaux sont,
du reste, fort en dehors du modeste champ d'action où s'est
exercé jusqu'aujourd'hui mon effort, mais comme je devrai
sans doute faire, quelque jour, incursion dans leurs domaines,

l'occasion me sera alors fournie d'y revenir plus amplement dans l'ouvrage d'ensemble par lequel j'espère pouvoir compléter. bientôt les résultats jusqu'ici acquis et consignés plus bas.

Je me bornerai à rapporter brièvement que c'est M. A. Wylie qui, le premier, étudia la partie de l'inscription écrite en caractères inconnus[1] et crut pouvoir affirmer que ces caractères étaient ceux de la « petite écriture jou-tchen ». Cette manière de voir demeura longtemps acceptée par le monde savant et elle ne fut mise en doute qu'en 1882, époque à laquelle mon regretté maître M. Devéria découvrit et publia[2] la reproduction d'une stèle dont les caractères, authentiquement de la petite écriture jou-tchen, ne ressemblaient aucunement à ceux de l'inscription de Kiu-yong-kouan. M. Devéria fut donc amené à considérer celle-ci comme écrite en caractères du royaume de Si-hia, et cette opinion ne tarda pas à être corroborée par un passage du traité de numismatique chinois *Ki kin so kien lou* 吉金所見錄 relatif à une monnaie portant à son avers quatre caractères étrangers. M. Wylie avait, lui aussi, connu cette monnaie par la reproduction qu'en donnait un autre ouvrage de numismatique, le *Wai kouo ts'ien wen* 外國錢文 ; mais tandis que celui-ci la décrivait comme pièce en écriture hindoue (*fan*), l'auteur du *Ki kin so kien lou* la donnait comme provenant du royaume de Si-hia 西夏, et ajoutait que dans le temple du Grand Nuage 大雲寺, à Léang-tcheou du Kan-sou, était conservée une stèle bilingue portant à son avers une inscription en écriture chinoise, et sur le revers une inscription en caractères étrangers semblables à ceux de la monnaie décrite.

Dès ce moment, il paraissait démontré que l'inscription de Kiu-yong-kouan, nonobstant l'assertion contraire de la Des-

---

[1] *Journal of the Royal Asiatic Society,* new series, vol. V, Lond., 1871. — [2] *Revue de l'Extrême-Orient,* t. I, n° 2 ; t. II, n° 4, années 1882 et 1883.

cription de la préfecture de Chouen-t'ien 順天府志, n'était pas écrite en caractères petit-jou-tchen; toutefois, l'identité des caractères de cette inscription avec ceux de la monnaie et de la stèle Si-hia de Léang-tcheou dont on ne possédait encore aucun estampage, toute probable qu'elle était, restait à prouver d'une manière concluante. Provisoirement néanmoins, l'écriture inconnue de Kiu-yong-kouan fut, dans le précieux recueil de *Documents de l'époque mongole des XIIIe et XIVe siècles* dont le Prince Roland Bonaparte confia en 1896 la publication à MM. Devéria [1] et Chavannes, qualifiée du nom de Si-hia, sous réserve d'un doute exprimé par un point d'interrogation. Peu de temps après, d'ailleurs, l'examen des estampages de Léang-tcheou venait confirmer pleinement l'exactitude des premières hypothèses de M. Devéria et y rallier tous les orientalistes.

Jusqu'alors les recherches, en ce qui concernait les textes Si-hia de Kiu-yong-kouan, ne s'étaient portées que sur la partie phonétique, dont les caractères avaient, pour la plupart, pu être identifiés et transcrits par MM. Wylie et Chavannes [2]. Quant aux textes écrits en caractères et en langue Si-hia, les tentatives faites par M. Devéria pour les déchiffrer restèrent infructueuses et le problème, sur ce point, demeura entier.

Vers la même époque, le Dr S. W. Bushell, dans un mémoire que publia le Journal de la section chinoise de la Société royale asiatique [3], reprit l'examen des documents Si-hia découverts jusque-là, et réussit à indiquer le sens d'environ vingt-cinq

---

[1] L'important travail de M. Devéria a été publié sous le titre : *L'écriture du Royaume de Si-hia ou Tangout.* Paris, Impr. nat., 1898. (Extr. des *Mémoires présentés par divers savants à l'Académie des Inscriptions et Belles-Lettres*, 1re série, t. XI, 1re partie.)

[2] Voyez la planche X des *Documents de l'époque mongole* édités par le prince Roland Bonaparte.

[3] *The Hsi Hsia Dynastie of Tangut, their money and peculiar script,* par S. W. Bushell (*Journal of the China Branch of the R. A. S.*, new series, vol. XXX, n° 2, 1895-96).

caractères, mais sans qu'il fût possible de leur attribuer leur valeur phonétique.

Tel était, en 1899, l'état de la question : d'un côté, une série d'environ cent vingt-cinq caractères dont la prononciation, approximative tout au moins, se trouvait déterminée, mais dont le sens demeurait inconnu; d'autre part, une série de vingt-cinq caractères dont la signification seule était fixée. Et il semble bien que ce fût là tout ce qu'il était permis d'espérer de l'étude comparée des rares documents que l'on possédait. Le mystère qui pesait sur la langue Si-hia, sur l'origine de son écriture et le système qui avait présidé à sa formation, se refermait sans avoir laissé pénétrer son secret, et il n'y avait plus à compter, pour faire avancer la solution du problème, que sur la mise au jour de nouveaux textes.

C'est une découverte de ce genre qui, en faisant tomber entre mes mains, à la suite des événements de 1900 dans le nord de la Chine, un important ouvrage écrit en langue Si-hia, m'induisit à reprendre les recherches de mes savants devanciers et à essayer à mon tour de les suivre dans cette tâche. Malheureusement, la modicité des loisirs que me laissent mes occupations ne m'a pas permis de poursuivre ces recherches avec toute l'activité que j'eusse été désireux d'y consacrer, et je regrette de n'avoir aujourd'hui à soumettre au monde savant qu'un travail aussi rudimentaire et incomplet que l'est le présent. Si, d'ailleurs, je livre dès maintenant ces notes à la publicité, c'est dans la pensée qu'elles pourront aider, dans une si faible mesure que ce soit, mes maîtres en sinologie et les protagonistes des études Si-hia, à parachever l'œuvre entreprise et jusqu'ici interrompue, et, à ce titre, j'espère que l'on voudra bien me faire bénéficier d'une indulgence que je n'oserais, autrement, point réclamer.

L'ouvrage que je viens de mentionner, et dont trois volumes sont en ma possession [1], est, ainsi que l'indiquait une fiche chinoise collée sur la page de titre du premier volume, une traduction en langue Si-hia d'un sūtra bouddhique très connu, le *Saddharma puṇḍarīka sūtra*, ou *Lotus de la Bonne Loi*, traduit en français sur le texte sanscrit par Burnouf au milieu du siècle dernier.

Chaque volume se présente renfermé dans une enveloppe ou *t'ao* de carton épais, doublé à l'intérieur d'une mince soie jaunie, et, à l'extérieur, de soie bleue ornée de fleurs et de feuilles d'or peintes au trait. Les volumes eux-mêmes, recouverts de soie brochée verte, et mesurant 33 centimètres de hauteur sur 12 de largeur, sont formés de feuilles d'un fort papier bleu-noir collées à la suite et pliées en paravent. Le texte, manuscrit, se détache en caractères d'or, répartis en six colonnes de dix-neuf caractères chacune, par page. Les caractères, d'une netteté parfaite et d'une grande élégance, tracés par un pinceau qui unissait la fermeté à une remarquable souplesse, constituent, avec l'inscription de Kiu-yong-kouan, le plus magnifique spécimen de cette écriture aux formes toujours compliquées et souvent gracieuses. L'inscription de Léang-tcheou est, sous le rapport de la calligraphie, quelque peu inférieure, et certaines corrections — en fort petit nombre — faites après coup au texte de notre *Lotus* décèlent une main plus inhabile encore.

---

[1] Trois autres volumes ont été et sont encore actuellement en la possession de M. Berteaux, interprète de la Légation de France en Corée. L'ouvrage entier comprenant au moins sept et peut-être huit volumes, il manquerait donc un ou deux *pen* pour qu'il fût complet. Une enquête faite par moi auprès des libraires de Pékin est demeurée infructueuse. Toutefois, l'un d'eux m'a assuré qu'un volume semblable à ceux que je lui montrais était passé en vente sur le marché de Pékin, mais il ignorait s'il avait été acquis par un Européen ou par un Chinois, et je n'ai pu, malgré mes efforts, retrouver la trace de l'acheteur.

Quant à l'ouvrage lui-même, il nous est donné, par la fiche chinoise, comme la traduction du *Lotus de la Bonne Loi avec chapitres additionnels* — 添 品 妙 法 蓮 華 經 —. Il s'agirait donc de la revision des anciennes traductions de Dharmarakṣa 竺 法 護 et de Kumārajīva 鳩 摩 羅 什, faite au début du viie siècle par Jñānagupta 闍 那 笈 多 et Dharmagupta 法 護, et qui comprend huit fascicules de vingt-sept chapitres (*Trip. jap.* vol. XI, fasc. 2; cf. *Bunyiu Nanjio, Catalogue,* n° 139). Le sūtra est précédé par deux préfaces dont la seconde est celle du prêtre Tao-siuan 道 宣, placée en tête de toutes les éditions chinoises de l'ouvrage. Pour ce qui est de la première, l'état peu avancé de son déchiffrement ne m'a pas encore donné d'indications suffisantes sur son auteur ou sa date, mais il me paraît fort douteux que ce soit celle qui fut rédigée en 1420 par l'empereur Tch'eng-tsou des *Ming.* Si pourtant il en était ainsi, ce fait démontrerait que, plus de deux siècles après la disparition du royaume et de la dynastie Si-hia, la langue et l'écriture de ce royaume subsistaient avec assez de vigueur pour qu'il se rencontrât un homme suffisamment versé dans la connaissance de cette langue et de cette écriture pour produire un ouvrage aussi étendu et d'une habileté calligraphique telle qu'il n'est pas possible qu'un étranger y eût atteint.

Devant très prochainement regagner la Chine, le temps m'est, à présent, trop mesuré pour entrer à fond dans un sujet qui réclamerait de longs développements. Je dois me borner à exposer maintenant, en réservant pour un travail ultérieur les observations critiques qu'ils comportent, les résultats purs et simples de mes recherches, et je diviserai cette partie de la présente notice en quatre parties : Prononciations, Significations, Prononciations et significations, et enfin Observations grammaticales.

PREMIÈRE PARTIE.

PRONONCIATIONS.

On rencontre en assez grand nombre, dans le texte du *Lotus*, des noms de lieux ou de personnages ayant joué un rôle dans la fondation et la propagation du Bouddhisme, mais, tandis que, dans les versions tibétaines, ces noms ont été traduits d'après leur signification en langue sanscrite, nous les trouvons intégralement reproduits en Si-hia au moyen de caractères phonétiques dont le nombre correspond à celui des signes chinois employés pour les transcrire. On en conclura aisément que la traduction Si-hia du *Lotus*, au lieu d'avoir été faite sur la version tibétaine, dérive directement de la version chinoise, qu'elle suit d'ailleurs toujours de fort près, au point de n'en être presque qu'un décalque. Et il ne manque pas d'étrangeté dans ce fait qu'une tribu dont les affinités tibétaines sont probables, soit allée emprunter son fonds de littérature religieuse — et peut-être aussi les principes de son système d'écriture — à un peuple aussi différent de langue et de race que l'étaient les Chinois, alors qu'elle pouvait prendre pour modèle et pour guide une nation consanguine, également voisine et dépositaire du canon bouddhique.

Nous énumérons ci-après, d'abord en transcription romanisée, puis en caractères chinois, et enfin en caractères Si-hia, les noms dont nous venons de parler, et nous faisons suivre

chacun d'eux des annotations ou éclaircissements qu'ils nous
ont paru nécessiter :

1° Le Buddha 佛 彿.

Ce caractère ne figure ni dans la série phonétique déchiffrée par MM. Wylie
et Chavannes (planche X des *Documents de l'époque mongole*), ni dans la série
déchiffrée par M. le Dr Bushell (*Journal of the China Branch of the R. A. S.*, NS,
vol. XXX, planche faisant face à la p. 154).

Une remarque générale, applicable à un grand nombre des
caractères chinois employés pour la transcription phonétique
des noms sanscrits, s'impose ici. Ces caractères, on le sait, n'ont
pas toujours gardé la même prononciation qu'ils avaient à
l'époque où furent faites les traductions des livres bouddhiques.
Les sons anciens ont pu être, approximativement pour le moins,
reconstitués, et les dictionnaires chinois de date récente —
notamment le dictionnaire de Giles — les ont notés en même
temps que la prononciation moderne. Il serait néanmoins, à
mon sentiment, un peu prématuré d'attribuer, *de plano,* aux
caractères Si-hia le son ancien des signes chinois auxquels ils
correspondent, car si les premières traductions Si-hia furent
faites, comme il est vraisemblable, à la fin de la dynastie T'ang
ou sous les premiers empereurs Song, il se pourrait que les
traducteurs tangoutains eussent simplement transcrit d'après
la prononciation, déjà légèrement modifiée à ce moment, des
caractères chinois, sans se préoccuper de leurs anciens sons. Je
tiens pourtant à déclarer que plusieurs exemples tendraient
plutôt à démontrer qu'il a été tenu compte de la prononciation
ancienne, ou que les modifications subies par elle n'avaient pas
été assez profondes pour altérer sensiblement l'articulation
fondamentale. Quoi qu'il en soit, je ferai, d'autre part, observer que les valeurs données par le texte de Kiu-yong-kouan à

certains caractères diffèrent notablement de celles qui sont attribuées pour le texte du *Lotus*. On verra ainsi, entre autres
exemples, le caractère 麤, qui, dans l'inscription, transcrit
uniformément la syllabe sanscrite *lo*, tandis qu'il équivaut
constamment, dans le *Lotus*, aux syllabes *ra* et *la*, auxquelles,
de son côté, l'inscription de Kiu-yong-kouan affecte respectivement les signes 莊 et 後 . On peut supposer à ces fluctuations
diverses causes : soit les altérations de la prononciation chinoise
selon la date plus ou moins éloignée des traductions Si-hia,
soit des variations phoniques dialectales, chinoises ou tangou-
taines, analogues à celles qui existent encore de nos jours en
Chine d'une province à l'autre et même d'une préfecture à la
voisine, soit la réunion de ces causes, soit enfin simplement le
caprice des traducteurs dans leur choix entre plusieurs signes
sensiblement homophones. L'avenir nous éclairera peut-être
sur ce point.

  2° Sumeru 須彌 㮰 蘝 ·

㮰   = *Su* (Wylie et Chavannes) = *Su* (Lotus).

蘝   = *mi* (W. et Ch.)   = *mi, me, māi* (Lotus).

  3° Bodhisattva 菩薩 㴘 㲚 ·

㴘   = *bo, bhā* (Lotus).

㲚   = *sa, sat* (Lotus)

  4° Jñānagupta 闍那崛多 㲝 㲞 㴘 㴢 ·

㲝   = *ṣ, ṣa,* (W. et Ch.)   = 闍, 葉 et 舍 = *j, ja, ça, çya, dhr* (?) (Lotus).

㲞   = *ṇu* (W. et Ch.)   = 那 *ṇa, na.* (Lotus).

粃   = 筏 et 陳 (infra, 9°) = gu (?), ḍi (?) (Lotus).

荌 = to (W. et Ch.)   = 多 = to ou ta (Lotus).

La prononciation du 3° caractère 粃, que je n'ai rencontré que deux fois, ici pour transcrire 筏 (ou 崛), et plus loin (v. n° 9) pour transcrire 陳, reste douteuse.

5° Kumārajīva 鳩摩羅什 菲 賅 麓 菻.

菲 = ki (W. et Ch.)   = 鳩, 憍 et 拘 = ku, kāu, ga (Lotus).

賅 = mu, mo (W. et Ch.)   = 摩 = ma, mā (Lotus).

麓 = lo (W. et Ch.)   = 羅 = ra, rǎ, la, r, ḍa (Lotus).

菻 Ce caractère ne s'étant plus rencontré dans la partie du texte jusqu'ici dépouillée (3,500 caractères), je m'abstiens, suivant le principe que je me suis imposé, de lui attribuer une valeur phonétique.

6° Gṛdhrakūṭa 耆闍崛 葭 䶎 䙥.

葭   = 耆, 棄 et 祇 = gṛ, khin, khya (Lotus) [1].

䶎 (supra, 4°).

䙥 Caractère nouveau qui ne s'est plus rencontré.

7° Bhikṣu 比丘 㲱 龗.

㲱   = 比 = bhi.

龗   = 龜 et 丘 = khu.

[1] On rencontre, dans l'inscription de Kiu-yong-kouan, pour représenter la syllabe khe, le signe 葯 dont on remarquera la ressemblance avec le caractère 葭 du texte du Lotus.

8° Arhat 阿 羅 漢 𢀖 𢀖 𢀖 ·

𢀖 = *a, ā* (W. et Ch.)   = 阿 *a, ā.*

𢀖 (supra, 5°).

𢀖   = 漢 *han* ou *hat.*

9° Ājñāta Kāuṇḍinya 阿 若 憍 陳 如 𢀖 𢀖 𢀖 𢀖 𢀖 ·

𢀖 (supra, 8°).

𢀖 Caractère nouveau qui ne s'est plus rencontré.

𢀖 (supra, 5°).

𢀖 (supra, 4°).

𢀖 Caractère nouveau qui ne s'est plus rencontré.

10° Mahā-Kāçyapa 摩 訶 迦 葉 𢀖 𢀖 𢀖 𢀖 ·

𢀖 = *man* (W. et Ch.)   = 摩 = *ma.* On remarquera que la phonétique
    chinoise 摩, équivalant à la même syllabe *ma*, transcrite plus haut
    (5°) par le signe 𢀖, l'est ici par celui, très différent, de 𢀖.

𢀖   = 訶 = *hā.*

𢀖   = 迦, 伽, 劫 et 吉 = *ka, kā, ki, ga, da*(?) (Lotus).

𢀖 (supra, 4°).

11° Uruvilvā-Kāçyapa 優 樓 頻 螺 迦 葉 𢀖 𢀖 𢀖 𢀖 𢀖 𢀖 ·

𢀖   = 優 = *u, ut* (Lotus).

𢀖   = 樓 = *ru, r* (Lotus).

𢀖 Caractère nouveau qui ne s'est plus rencontré.

[Si-hia] (supra, 5°).

[Si-hia] (supra, 10°).

[Si-hia] (supra, 4°).

12° Gayā-Kāçyapa 伽耶迦葉 [Si-hia] [Si-hia] [Si-hia] [Si-hia].

[Si-hia]   = 伽, 佉, 乾 = *ga, gan, kha* (Lotus).

[Si-hia] *ia, ya, yā* (W. et Ch.)   = 耶 = *ya, yā* (Lotus).

[Si-hia] (supra, 10°).

[Si-hia] (supra, 4°).

13° Nadī-Kāçyapa 那提迦葉 [Si-hia] [Si-hia] [Si-hia] [Si-hia].

[Si-hia] (supra, 4°).

[Si-hia]   = 提 = *dī, tī, tī* (Lotus).

[Si-hia] (supra, 10°).

[Si-hia] (supra, 4°).

14° Çāriputra 舍利弗 [Si-hia] [Si-hia] [[Si-hia]].

[Si-hia] (supra, 4°).

[Si-hia] Caractère nouveau qui ne s'est plus rencontré.

[[Si-hia]] Par une dérogation assez curieuse, alors que le texte chinois s'est ici borné
à transcrire phonétiquement le terme *putra* (en sanscrit, « fils » —
Çāriputra = fils de Çārika), le Si-hia a traduit ce terme; [Si-hia] veut, en
effet, dire : « fils » (v. plus loin la partie « Significations »).

15° Mahā-Māudgalyāyana 大目犍連 [[Si-hia]] [Si-hia] [Si-hia] [Si-hia].

[[Si-hia]] Ici, le terme *mahā* a été traduit aussi bien en chinois qu'en Si-hia (v. la
partie « Significations »).

bu, bhu, bhū, bo, phu (W. et Ch.). — Ce caractère ne s'étant plus rencontré dans le texte du *Lotus*, je m'abstiens de lui attribuer une valeur phonétique.

Caractère nouveau qui ne s'est plus rencontré.

= 連, 陵 *lin* (Lotus).

16° Mahā-Kātyāyana 摩訶迦旃延 𝕩 𝕩 𝕩 𝕩 𝕩 ·

(supra, 10°).

(supra, 10°).

(supra, 10°).

= 旃, 栴 *tya, can* (Lotus).

Caractère nouveau qui ne s'est plus rencontré.

17° Aniruddha 阿㴑樓駄 𝕩 𝕩 𝕩 𝕩 ·

(supra, 8°).

Caractère nouveau qui ne s'est plus rencontré.

(supra, 11°).

= 駄, 陀, 墮 = *da, dā, dha, ddha, dra* (Lotus).

18° Kapphiṇa 劫賓那 𝕩 𝕩 𝕩 ·

(supra, 10°).

= 賓, 畢 = *pi* (Lotus).

(supra, 4°).

19° Gavāṃpati 憍梵波提 𝕩 𝕩 𝕩 𝕩 ·

(supra, 5°).

= 梵 = *vaṃ, brahm* (Lotus). — Peut-être ce

caractère, après avoir d'abord été employé comme simple phonétique, est-il arrivé, comme en chinois, à acquérir le sens propre de Brahma, brahmane, brahmanique, et, par extension, celui, dérivé, de « religieux ».

= 菩, 波 = *bo, pa* (Lotus) [cf. supra, 3°].

(supra, 13°).

20° Revata 離婆多 ·

Caractère nouveau qui ne s'est plus rencontré.

= 婆, 頗 = *va, rva, ba, bha, pā, hă* (Lotus).

= 多 = *ta, t* (Lotus).

21° Pilindavatsa 畢陵伽婆蹉 ·

Les quatre premiers caractères ont été vus plus haut (n°ˢ 18°, 15°, 10° et 20°).

Caractère nouveau qui ne s'est plus rencontré.

22° Vakula 薄拘羅 ·

Caractère nouveau qui ne s'est plus rencontré.

Caractère nouveau qui ne s'est plus rencontré.

(supra, 5°).

23° Mahā-Kāuṣṭhila 摩訶拘絺羅 ·

et (v. supra, 10°); (v. supra, 5°).

Caractère nouveau qui ne s'est plus rencontré.

(v. supra, 5°)

24° Nanda 難陀 ·

= 難 = *nan* (Lotus).

(v. supra, 17°).

25° Sundarananda 孫陀羅難陀 *兹 埼 麓 蕊 埼*.

兹　Caractère nouveau qui ne s'est plus reproduit.

埼　2 et 5 (v. supra, 17°); *麓* (v. supra, 5°); *蕊* (v. supra, 24°).

26° Pūrṇamāitrāyaṇīputra 富樓那彌多羅尼 (子)

統 薇 憹 蕀 殹 麓 後 (祕)

統　Caractère nouveau qui ne s'est plus rencontré.

薇　(v. supra, 11°); *憹* (v. supra, 4°); *蕀* (v. supra, 2°); *殹* (v. supra, 20°)

麓　(v. supra, 5°).

後　　　　　　　　= 尼 = ṇī, ni (Lotus).

27° Subhūti 須菩提 *㒾 蕎 㒾*.

㒾　(v. supra, 2°); *蕎* (v. supra, 19° et 3°).

㒾　　　　　　= 提 = ti, dhi. (Lotus).

28° Ānanda 阿難 *㒾 蕊*.

㒾　Caractère nouveau qui ne s'est plus rencontré. On notera que le son *a*
　　est transcrit partout ailleurs *㒾*.

蕊　(v. supra, 24°).

29° Rāhula 羅睺羅 *麓 㒾 麓*.

麓　1 et 3 (v. supra, 5°).

㒾　　　　　　= 睺 = hu, ho (Lotus).

30° Mahāprajāpatī 摩訶波闍波提 *蕊 㒾 蕎 㒾 蕎 㒾*.

蕊　et *㒾* (v. supra, 10°); *蕎* 3 et 5 (v. supra, 19° et 3°); *㒾* (v. supra, 4°).

㒾　(v. supra, 13°).

31° Bhikṣuṇī 比丘尼 尨 麤 稜.

尨 et 麤 (v. supra, 7°); 稜 (v. supra, 26°).

32° Yaçodharā 耶 輸 陀 羅 稜 帚 嬌 麗.

稜 (v. supra, 12°)

帚   = 輸, 殊 = ço, ju, jŭ (Lotus).

嬌 (v. supra. 17°); 麗 (v. supra, 5°).

33° Mahāsattva 摩 訶 薩 龐 獼 攷.

龐 et 獼 (v. supra, 10°).

攷   = 薩 = sa, sat (Lotus) [cf. supra, 3°].

34° Anuttara samyak saṃbodhi 阿 耨 多 羅 三 藐 三 菩 提

癹 覙 邅 麗 葥 稜 葥 嬌 攷

癹 (v. supra, 8°).

覙   = 耨 = nu (Lotus).

邅 (v. supra, 20°); 麗 (v. supra, 5°).

葥 5 et 7 = saṃ (W. et Ch.) = 三 saṃ, sa (Lotus).

稜   = 藐 myak, ou yak (Lotus).

嬌 (v. supra, 19° et 3°); 攷 (v. supra, 27°).

35° Dhāraṇī 陀 羅 尼 嬌 麗 稜.

嬌 (v. supra, 17°); 麗 (v. supra, 5°); 稜 (v. supra, 26°).

36° Bahujana (衆 生) 瓤 瓱.

瓤

瓋 Caractère qui ne se trouve employé phonétiquement que dans cette expression, et dont il convient de réserver, pour le moment, la prononciation.

37° Mañjuçrī 文殊師利 䏺帯錥鬏.

䏺 = *man* (W. et Ch.)   = 文, 曼 = *mañ* (Lotus).

帯 (v. supra, 32°).

錥 Caractère qui n'est employé phonétiquement que dans cette expression, et dont il convient de réserver, pour le moment, la prononciation.

鬏 = 利 = *ri, rī* (Lotus).

38° Bhadrapāla 跋陀婆羅 嚴婍絞麗.

嚴 = 跋 = *bha, pa* (Lotus).

婍 (v. supra, 17°); 絞 (v. supra, 20°); 麗 (v. supra, 5°).

39° Māitreya 彌勒 蕺豻.

蕺 (v. supra, 2°).

豻 Caractère qui n'est employé que dans ce composé, et dont il convient de réserver, pour le moment, la prononciation.

40° Çakra Devendra 釋提恒囚 薐拼骹散.

薐 = 釋, 世 = *ça* (Lotus).

拼 (v. supra, 13°).   = 提 = *de*.

骹 Caractère nouveau qui ne s'est plus rencontré.

散 = 囚 *in* (Lotus).

41° Saha 娑婆 絹 緻 .

絹
緻 (v. supra, 20°).

= 娑 *sa, să*.

42° Brahmā 梵 儞 .

儞 (v. supra, 19°).

43° Çikhin 尸棄 瓶 薓 .

瓶 Caractère nouveau qui ne s'est plus rencontré.
薓 (v. supra, 6°).

44° Upananda 跋難陀 散 薇 嬌 .

散 (v. supra, 38°); 薇 (v. supra, 24°); 嬌 (v. supra, 17°).

45° Sāgara 娑伽羅 絹 緻 麗 .

絹 (v. supra, 41°); 緻 (v. supra, 12°); 麗 (v. supra, 5°).

46° Vāsuki 和脩吉 嬈 緻 㗩 .

嬈 Caractère nouveau qui ne s'est plus rencontré.

= 脩, 塞 = *su, sa* (?) (Lotus).

緻
㗩 (v. supra, 10°).

47° Takṣaka 德叉迦 薇 緻 㗩 .

薇 Caractère nouveau qui ne s'est plus rencontré.
緻 Caractère nouveau qui ne s'est plus rencontré.
㗩 (v. supra, 10°).

48° Anavatapta 阿那婆達多 疑 懵 綬 彞 殤.

疑 (v. supra, 8°); 懵 (v. supra, 4°); 綬 (v. supra, 20°).

彞 r, r, ra, re, rai (W. et Ch.) = 達, 闍 = ta, dha (Lotus).

殤 (v. supra, 20°).

49° Manasvin 摩那斯 疑 懵 綬.

疑 (v. supra, 5°); 懵 (v. supra, 4°).

綬 Caractère nouveau qui ne s'est plus rencontré.

50° Utpala 優鉢羅 禰 讓 麓.

禰 (v. supra, 11°).

讓 Ce caractère, qui se retrouve dans la suite du texte, ne paraît avoir été
employé phonétiquement que dans la présente expression.

麓 (v. supra, 5°).

51° Kinnara 緊那羅 肌 懵 麓.

肌 = 緊 = kin (Lotus).

懵 (v. supra, 4°); 麓 (v. supra, 5°).

52° Gandharva 乾闥婆 禰 彞 綬.

禰 (v. supra, 12°); 彞 (v. supra, 48°); 綬 (v. supra, 20°).
(v. aussi, plus loin, l'annotation du n° 55.)

53° Asura 阿脩羅 疑 綬 麓.

疑 (v. supra, 8°); 綬 (v. supra, 46°); 麓 (v. supra, 5°).

54° Bali 婆稚 〔字〕.

〔字〕 (v. supra, 20°).

〔字〕 Ce caractère ne s'est plus rencontré comme phonétique.

55° Kharaskandha 佉羅騫馱 〔字〕.

〔字〕 (v. supra, 12°); 〔字〕 (v. supra, 5°).

〔字〕 == 騫 (叉) = *ska* (?), *kṣa* (?), *ṣa* (?) (Lotus).

〔字〕 (v. supra, 17°).

Burnouf lisait et a transcrit « Suraskandha » confusion explicable avec l'écriture devanāgarī; mais Kern (SBE, vol. xxi, p. 6, n. 1) a rétabli la lecture exacte Kharaskandha.

56° Vemacitra 毘摩質多羅 〔字〕.

〔字〕 = 毘, 鼻 = *ve, vī* (Lotus).

〔字〕 (v. supra, 5°).

〔字〕 Caractère nouveau qui ne s'est plus représenté.

57° Garuḍa 迦樓羅 〔字〕.

〔字〕 (v. supra, 10°); 〔字〕 (v. supra, 11°); 〔字〕 (v. supra, 5°).

58° Ajātaçatru 阿闍世 (王) 〔字〕.

〔字〕 (v. supra, 8°).

〔字〕 Caractère nouveau qui ne s'est plus rencontré.

〔字〕 = 釋, 世 = *ça* (Lotus).

〔字〕 (v. la partie « Significations »).

On notera que, dans la transcription de ce nom, le Si-hia s'est écarté des principes d'unité de transcription auxquels, pourtant, il est, le plus souvent, fidèle : 闍 est ici transcrit par 嬌 au lieu de 龍 son équivalent ordinaire.

59° Samādhi 三昧 舫 胈.

舫 (v. supra, 34°).

胈 Ce caractère ne figurant pas dans d'autres expressions, je m'abstiens de lui attribuer une valeur phonétique.

60° Mandāra 曼陀羅 胈 嬌 龍.

胈 (v. supra, 37°); 嬌 (v. supra, 17°); 龍 (v. supra, 5°).

61° Mañjūṣaka 曼殊沙 胈 帬 死.

胈 (v. supra, 37°); 帬 (v. supra, 32°).

死 = 沙 = ṣa, çra (Lotus).

62° Upāsaka 優婆塞 毈 後 阤.

毈 (v. supra, 11°); 後 (v. supra, 20°).

阤 Ce caractère ne figurant pas dans d'autres expressions, je m'abstiens de lui attribuer une valeur phonétique.

63° Upāsikā 優婆夷 毈 後 龍.

Pour les deux premiers caractères, v. supra, 11° et 20°.

龍 Ce caractère ne figurant pas dans d'autres expressions, je m'abstiens de lui attribuer une valeur phonétique.

64° Yakṣa 夜叉 縛 叉.

(cf. supra, 55°).

65° Mahoraga 摩睺羅伽 畷絹麁麩.

Pour ces quatre caractères, v. respectivement les n°ˢ 5°, 29°, 5° et 12°.

66° Akaniṣṭha 阿迦尼吒 畷麷緩麤.

Pour les trois premiers caractères, v. respectivement les n°ˢ 8°, 10° et 26°.

麤 Caractère nouveau qui ne s'est plus représenté.

67° Çarira 舍利 麁麩.

Pour ces deux caractères, v. supra, 4° et 37°.

68° Candana 栴檀 麷麷.

麷 (V., pour le premier caractère, supra, 16°).

= 檀 = *dan* (Lotus).

69° Avici 阿鼻 畷麗.

(v. supra, 8° et 56°).

70° Maṇi 摩尼 畷麷.

(v. supra, 5° et 26°).

71° Yojana 由旬 麷麷.

Ces deux caractères ne se trouvant pas employés dans d'autres expressions, je m'abstiens de leur fixer une valeur phonétique déterminée.

72° Saṃgha 僧 麷.

麷 = 僧 = *saṃ* (Lotus).

73° Asaṃkhyeya 阿僧祇 暖 鑽 薆.

(v. supra, 8°, 72° et 6°).

74° Pāramitā 波羅密 蘝 麗 灥.

蘝 (v. supra, 19° et 3°); 麗 (v. supra, 5°).

灥 Ce caractère n'est employé phonétiquement que dans le seul cas présent.

75° Çramaṇa 沙門 死 萠.

死 (v. supra, 61°).

萠 Ce caractère ne figurant pas dans d'autres expressions, je m'abstiens de
lui fixer une valeur phonétique déterminée.

Tels sont les résultats jusqu'à présent acquis en ce qui concerne le déchiffrement des caractères Si-hia employés phonétiquement dans le *Lotus*. Ainsi qu'on aura pu le remarquer, ces
résultats concordent assez généralement, pour les signes communs au *Lotus* et à l'inscription de Kiu-yong-kouan, avec ceux
qu'avaient précédemment obtenus MM. Wylie et Chavannes.
D'ailleurs, afin de les présenter plus clairement et dans leur
ensemble, et aussi pour mieux faire toucher du doigt les divergences qui existent entre les valeurs des caractères Si-hia dans
les deux textes, je joins ici un tableau comparatif, où l'on trouvera, rangés dans l'ordre de l'alphabet sanscrit, les signes Si-
hia, suivis de leurs transcriptions dans l'un et l'autre des textes
étudiés; une dernière colonne contiendra les observations
touchant la puissance phonétique multiple d'un même signe
ou l'affectation de plusieurs caractères différents à la reproduction d'une même syllabe.

		INSCRIPTION DE KIU-YONG-KOUAN déchiffrée PAR MM. WYLIE ET CHAVANNES.	«LOTUS».	NOTES.
A	㲇	A, Ā	A, Ā	(8°).
	㲇		Ā	(28°).
I	㲇	Ĭ		
	㲇	IA [Ya, yă]	[Ya, yă]	(12°).
	㲇		IN	(40°).
U	㲇	U? [R, ro]		
U	㲇	U		
	㲇		U, UT	(11°).
O	㲇	OṂ		
Ka	㲇	(A) KA, KA, KAIR		(A) Ce caractère n'est pas employé phonétiquement dans le *Lotus*, où les sons *ka* sont représentés par le signe 㲇 qui suit.
	㲇		KA, KĀ [Ki, ga, da (?)]	(10°).
	㲇		KI [Ka, kā, go, da (?)]	(10°).
Ki	㲇	KI [The (?)]		
	㲇	KI	[Ku, kān, ga]	(5°).
	㲇		KIN	(51°).
	㲇	[Ki]	KU [Kău, ga]	(5°).
Ku	㲇	(B) KU, KṢU		(B) Ce caractère n'est pas employé phonétiquement dans le *Lotus*, où le son *ku* ou *kṣu* est probablement représenté par 㲇 (v. 7°, *bhikṣu*, et infra, syllabe *khu*).

	INSCRIPTION DE KIU-YONG-KOUAN déchiffrée PAR MM. WYLIE ET CHAVANNES.	.LOTUS.	NOTES.
Ko	KO		
	[Ki]	KĀU [Ku, ga]	(5°).
Ky	KYA		
Khi		KHIN [Khya, ghri]	(6°).
Khu		KHU [Ku (?), kṣu (?)]	(7°) V. syll. *ka* 蒋.
Khe	(A) KHE		(A) Ce caractère a une certaine similitude avec 猴 (syll. *khi*).
Khy		KHYA [Khin, ghri]	(6°).
	GA		
	[Ki]	GA [Ku, kāu]	(5°).
Ga	(B) GA [Gha, gaṃ]		(B) Ce caractère n'est pas employé phonétiquement dans le *Lotus*.
		GA [Gan, kha]	(12° et 55°).
		GA [Ka, kā, ki, da (?)]	(10°).
	GAM [Ga, gha]		
Gu		GU (?) [Di (?)]	(4°).
	GU		
Gha	GHA [Ga, gaṃ]		(4°).
Gṛ		GṚ [Khin, khya]	(6°).
Ca	CA [Ce]		
		CAN [Tya]	
Ci		CI (?)	(56°).
	CIN		
Ce	CE [Ca]		

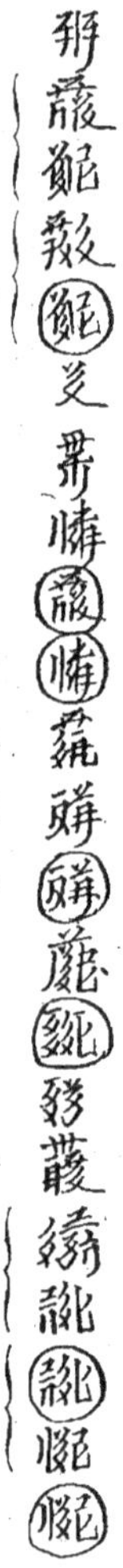

	INSCRIPTION DE KIU-YONG-KOUAN déchiffrée PAR MM. WYLIE ET CHAVANNES.	«LOTUS».	NOTES.
Co	CO		
J	J [Jr, jr(o)]		
	[Ṣ, ṣa]	J [Ja, dhr (?), ça, çya, ṣ, ṣa]	(4°).
	JA		
Ja		JA [J, dhr (?), ça, çya, ṣ, ṣa]	(4°).
Je	JE		
Ju	[Çu]	JU, JŪ [ço]	(32°).
Jo	JO [Jva]		
Jr	JR, JR(O) [J]		
Jv	JVA [Jo]		
Ṭha		ṬHA (?)	
Ṭhi	ṬHI [Ṭhe, thi]	[Ṭi, ṭī, ḍī]	(13°).
Ṭhe	ṬHE [Ṭhi, ṭhi]	[Ṭi, ṭī, ḍī]	(13°).
Ḍa	[Lo]	ḌA [R, ra, la, lo]	(57°).
Ḍi		ḌI (?) [Gu (?)]	(9°).
Ḍe	ḌE		
Ḍḍh	ḌḌHA [Ta, tā, da, dā, dha, dhar, ḍḍha]		
Ṇ	Ṇ		
	Ṇ [Na, na, nã]		
Ṇa	ṆA [Na, nã, ṇ]		
	[Ṇu]	ṆA [Na]	(18°).
Ṇu	ṆU	[Ṇa, na]	

		INSCRIPTION DE KIU-YONG-KOUAN déchiffrée PAR MM. WYLIE ET CHAVANNES.	.LOTUS.	NOTES.
Ṇi			ṆĬ [Ni]	(26°).
Ny		ṆYA		
T		T [Ta, tā, te, dha]		
		T [Ta, d]		
			T [Ta]	(26°).
		TA, TĀ [Te, dha, t]		
		TA [T, d]		
		TA, TĂ [Da, dā, dha, dhar, ddha, ḍḍha]		
			TA [T]	(20°).
Ta		TĂ [Thā]		
		TA, TĂ		
		[To]	TA [To]	(4°).
		[Ṛ, r, ra, re, rai]	TA [Dha]	(48°).
		TI		
		TI [Te]		
Ti		TI [Te, de]		
		[Ṭhi, ṭhe, ṭhi]	TI, TĬ [Ḍi]	(30°).
			TI [Dhi]	(27°).
Tu		TU [Tyu]		
		TE [T, ta, tā, dha]		
Te		TE [Ti]		
		TE [Ti, de]		

4.

		INSCRIPTION DE KIU-YONG-KOUAN déchiffrée PAR MM. WYLIE ET CHAVANNES.	«LOTUS».	NOTES.
To		TO	TO [Ta]	
Tv	(?)	TVA		
Ty			TYA [Caṇ]	(16°).
		TYU [Tu]		
Tha		THĂ [Tā]		
Thi		THI [Ṭhi, ṭhe]	[Ti, tī, ḍī]	
The		THE (?) [Ki]		
D		D [T, ta]		
		D [Da]		
		DA [D]		
			DA, DĂ [Ddha, dra, dha]	(60°).
Da		DA, DĂ [Dha, dhar, ḍḍha, ta, tă, ddha]		
			DA (?) [Ka, kă, ki, "ga]	(21°).
		DAṆ		
			DAN	(68°).
Di		DI [De, ddhi, ddhe, dhi]		
		[Ṭhi, ṭhe, thi]	DĬ [Dī, de]	(13° et 40°).
De		DE [Ddhi, ddhe, dhi, di]		
		DE [Ti, te]		
		DE, DAIH [Ddhe]		
Dr			DRA [Daha, dha, da, dă]	(38°).

INSCRIPTION DE KIU-YONG-KOUAN déchiffrée PAR MM. WYLIE ET CHAVANNES.		«LOTUS».	NOTES.
Ddh	DDHA [Dha, dhar, ḍḍha, ta, tā, da, dā]	DDHA [Dha, da, dā, dra]	(17°).
	DDHI, DDHE [Dhi, di, de]		
	DDHE [Dhi, dhe, dhya]		
	DDHE [De, daiḥ]		
Dha	DHA [T, ta, tā, te]	DHA [Dra, da, dā, ddha]	(32°).
	DHA, DHAR [Ddha, ḍḍha, ta, tā, da, dā]		
	[Ṛ, r, ra, re, rai]	DHA [Ta]	(52°).
	DHA		
		DHI [Ti]	(27°).
Dhi	DHI [Dhe, ddhe, dhya]		
	DHI [Di, de, ddhi, ddhe]		
	DHI(?) [ni, nī, ne]		
Dhe	DHE [Dhya, ddhe, dhi]		
Dhy	DHYA [Ddhe, dhi, dhe]		
Dhr	[Ṣ, ṣa]	DHR(?) [j, ja, ça, çya, ṣ, ṣa]	(6°).
N	N [Na, nā, ṇ, ṇa]		
	NA [nā, ṇ, ṇa]		
Na	NA		
	[Ṇu]	NA [Ṇa]	(4°).
		NAN	(24°).

	INSCRIPTION DE KIU-YONG-KOUAN déchiffrée PAR MM. WYLIE ET CHAVANNES.	«LOTUS».	NOTES.
Na	NĂM		
Ni	NI, NĬ [Ne, dhí(?)]		
		NI [Nĭ]	(26°).
	NI		
Nu		NU	(34°).
Ne	NE [Ni, nī, dhi(?)]		
P.	P [Pa, pă]		
	P [Pa, pă, paṃ]		
	PA, PĂ [P]		
	PA, PĂ, PAṂ [P]		
Pa		PĂ [Ba, bha, va, rva, hă]	(38°).
		PA [Bha]	(44°).
		PA [Po, pra, bo, bhŭ]	(19°).
		PA	(50°).
Pi		PI	(18°).
Pu	PU		
Po		PO [Pa, pra, bo, bhŭ]	
Pra		PRA [Bo, bhŭ, pa, po]	(30°).
Phu	PHU		
	PHU [Bu, bo, bhu, bhū]	[Bhu? mu?]	
B	B [Va]		
Ba		BA [Bha, va, rva, hă, pă	(54°).

	INSCRIPTION DE KIU-YONG-KOUAN déchiffrée PAR MM. WYLIE ET CHAVANNES.	«LOTUS».	NOTES.
Bi	BI [Vi, vya]		
Bu	BU [Bo, bhu ; bhū, phu]	[Bhu? mu?]	
		BUD (?)	(1°).
Bo	BO		
		BO [Bhū, pa, pra, po]	(3°).
	BO [Bhu, bhū, phu, bu]	[Bhu? mu?]	
Bh	BH [Bhu]		
		BHA [Pa]	(38°).
Bha	BHA [Va]		
		BHA [Va, rva, hă, pă, ba]	
	BHA, BHĂ [Va]		
	BHĂ [Va (?)]		
Bhi	BHI		
		BHI (?)	(7°).
Bhu	BHU [Bh]		
		BHŪ [Pa, po, pra, bo]	(27°).
	BHU, BHŪ [Phu, bu, bo]	BHU (?) [Mu?]	
Bhe	BHE		
M	M [Ma, m̤]		
Ma	MA [M̤, m]		
	MA, MĀ, MAN, MAH		

		INSCRIPTION DE KIU-YONG-KOUAN déchiffrée PAR MM. WYLIE ET CHAVANNES.	.LOTUS.	NOTES.
Ma	賦	[Mu, mo]	MA, MĂ	(5°).
	䶆	MAN	MA, MĂ	(10°).
	那	MAN	MAN, MAÑ	(61°).
	崩		MAṆ (?)	(75°).
Mi	薮	MI	MI [Me, măi]	(2°).
Mu	賦	MU [Mo]	[Ma, mă]	
	苃	MU, MŪ		
	龖	MU [Mo]		
	厥	MU		
	髮	[Phu, bu, bo, bhu, bhŭ]	MU (?) [Bhu ?]	
Me	薮	[Mi]	ME, MĂI [Mi]	(39°).
	祘	ME		
Mo	賦	MO [Mu]	[Ma, mă]	
	龖	MO [Mu]		
y	髮		MYAK [ou Yak ?]	(34°).
Ṃ	賦	Ṃ [M, ma]		
	兼	Ṃ		
Ya	髮	YA, YĂ [Ya]	YA, YĂ	(12°).
	補		YA (?) ou YAK (?)	(64°).
	髮		YAK (?) [ou Myak]	(34°).
	鬻	YAN		
Yu	龍	YU, YUN		

		INSCRIPTION DE KIU-YONG-KOUAN déchiffrée PAR MM. WYLIE ET CHAVANNES.	«LOTUS».	NOTES.
Ye	礟	YE		
R	髟	R [Ra, rã, ri]		
	薔		R [Ru]	(26°).
	瓶	(A) (?) R [Ro]		(A) Le manque de netteté de l'estampage sur lequel j'ai travaillé ne m'a pas permis de déterminer avec exactitude lequel de ces deux caractères est celui de l'inscription.
	瓶	(A) (?) R (?)		
	瓶	R [R, ri, re, l]		
	麗	[Lo]	R [Ra, la, lo, ḍa]	(8°).
	後	R [Ra, re, rai, ṛ]	[Ta, dha]	
	髟	RA, RÅ [R, ri]		
Ra	麗	[Lo]	RA [La, lo, ḍa, r]	(5°).
	後	RA [Re, rãi, ṛ, r]	[Ta, dha]	
	髟	RI [R, ra, rã]		
Ri	瓶	RI [Re, l, ṛ, r]		
	鏒	RI		
	鏒		RI, RÏ	(67°).
Ru	鏒	RÛM		
	瓶		RU [R]	(11°).
Re	後	RE [R, r, ra], RAI	[Ta, dha]	
	瓶	RE [R, r, ri, l]		
Ro	瓶	(?) RO [R, u (?)]		[Voir Note syllabe R, supra.]
Rva	後		RVA [Va, hã, pã, ba, bha]	(52°).
	姙	RVA		

INSCRIPTION DE KIU-YONG-KOUAN déchiffrée PAR MM. WYLIE ET CHAVANNES.		«LOTUS».	NOTES.
L	L [Ṛ, r, ri, re]		
La	LA		
	[Lo]	LA [Ḍa. r, ra, lo]	(22°).
Li	LIN		
		LIN	(21°).
Le	LE		
	LE (?)		
Lo	LO	LO [da, r, ra, la]	
	LO		
	VA [B]		
	VA		
	VA		
		VA [Hä, pā, ba, bha, rva]	(52°).
Va	VA [Bha]		
	VA [Bha, bhā]		
	VA (?) [Bhā]		
	VA		
Vi	VI [Bi, vya]		
		VI [Ve]	(69°).
Ve	VE		
		VE [Vi]	(56).
Vy	VYA		

		INSCRIPTION DE KIU-YONG-KOUAN déchiffrée PAR MM. WYLIE ET CHAVANNES.	.LOTUS..	NOTES.
Vy		VYA [Bi, vi]		
Ç		Ç [Ṣa, ṣam, sa, sam, saṃ]		
		Ç [Ṣ, s]		
			Ç (?)	(37°).
Ça		[Ṣ, ṣa]	ÇA [Çya, ṣ, ṣa, j, ja, dhr (?)]	(14°).
			ÇA	(58°).
Çi		ÇI [Ṣ, ṣe]		
			ÇI (?)	(43°).
Çu		ÇU	[Ço, ju, jū]	
		ÇU [Ço]		
Ço		[Çu]	ÇO [Ju, jū]	(32°).
		ÇO [Çu]		
Çy		[Ṣ, ṣa]	ÇYA [Ça, ṣ, ṣa, j, ja, dhr (?)]	(10°).
Çr			ÇRA (?) [Ṣa (?)]	(75°).
		Ṣ [Ṣa]	Ṣ [Ṣa, j, ja, dhr (?), ça, çya]	
		Ṣ [Ṣe, çi]		
Ṣ		S [S, sa, si]		
		Ṣ [Ṣa, ṣam, sa, sam, saṃ, ç]		
		Ṣ [S, ç]		
		ṢA [Ṣ]	ṢA [Ṣ, j, ja, dhr (?), ça, çya]	
Ṣa		ṢA, ṢAM [Sa, sam, saṃ, ç, ṣ]		
			ṢA [Çra ?]	(61°).

5.

	INSCRIPTION DE KIU-YONG-KOUAN déchiffrée PAR MM. WYLIE ET CHAVANNES.	LOTUS.	NOTES.
Ṣi	ṢI		
Ṣe	ṢE [Ṣ, çi]		
Ṣo	ṢO		
S	S [Sa, si, ç, ṣ]		
	S [Ç, ṣ]		
		SA, SĂ	(45°).
		SA (?) [Su]	(53°).
	SA [S, ṣ, s]		
Sa		SA, SAT	(3° et 33°).
	SA, SAM, SAM [Ç, ṣ, ṣa, ṣam]		
		SAM	(73°).
	SAM	SA, SAM	(34°).
	SAN		
	SI		
Si	SI [Sa, s, ṣ]		
	SI		
	SI		
Su	SU	SU	(2°).
		SU [Sa?]	(46°).
Sva	SVĂ		
H	H		

INSCRIPTION DE KIU-YONG-KOUAN déchiffrée PAR MM. WYLIE ET CHAVANNES.	«LOTUS».	NOTES.
Ha { HA, HĀ	HĀ [Sā, pa, bha, rva, va]	(41°).
	HĀ	(10°).
	HAN, HAT	(8°).
Hu	HU [Hō]	(29°).
Hūm HŪM		
Ho	HO [HU]	(65°).
Hy HYE		

Sans entreprendre aujourd'hui l'étude approfondie du tableau qui précède au point de vue de l'écriture elle-même et
de la méthode qui a présidé à sa formation, nous constaterons
simplement qu'à première vue la plus grande partie des signes
Si-hia, représentant phonétiquement une même syllabe, paraissent, ainsi que l'avait déjà noté M. Devéria[1], n'avoir entre eux
que peu ou point de corrélation. Cela pourrait évidemment
tenir à la présence, dans des syllabes à voyelle identique, de plus
ou moins de consonnes quiescentes différentes, si, comme le
supposait M. Devéria et comme je suis porté à le croire moi-
même d'après certaines analogies syntactiques, la langue tangoutaine était apparentée au tibétain. — Mais cette hypothèse
me suggère plusieurs réflexions dont voici les principales : Les
textes des dhāranīs de Kiu-yong-kouan n'étant que des transcriptions phonétiques, on ne voit pas bien pour quel motif

---

[1] *Op. cit.*, p. 27.

leur auteur se serait servi de caractères à consonnes quiescentes, puisque, ces consonnes ne jouant qu'un rôle purement étymologique et n'apportant à l'articulation essentielle aucune ou presque aucune modification, et aucun élément phonique nouveau, il pouvait aussi bien employer les caractères représentatifs de l'articulation simple, dépouillée de quiescentes. Je ferai ensuite observer que les émissions vocales simples, telles que *a* par exemple, sont représentées par des signes déjà compliqués (戻 = *a*) qui ne servent point à la composition de dérivés et dont les composantes, si elles servent à la formation de caractères ayant cette voyelle pour finale [戻燮 = *ka*], se retrouvent également dans d'autres caractères, 弉 par exemple, dont la voyelle finale est constamment un *i* et la consonne initiale une dentale [*t* ou *d*].

Enfin, pour expliquer la multiplicité des traits des caractères tangoutains, M. Devéria concluait au groupement, en un seul monogramme, du mot thématique avec ses quiescentes et les affixes désinentiels réglant son rôle dans la phrase. Cette supposition ne m'a pas été confirmée, car j'ai retrouvé, sans aucune modification graphique, quoique placés dans la phrase aux différents cas de la déclinaison, tous les caractères dont j'étais parvenu à découvrir le sens. D'ailleurs, ces mots euxmêmes sont, assez fréquemment, accompagnés de caractères qui ne correspondent pas aux caractères du texte chinois, et qui m'ont paru être des suffixes casuels ou de conjugaison.

Et cependant, si l'écriture tangoutaine n'est pas un système alphabétique ou syllabique analogue au système créé par les Jou-tchen, elle ne saurait, vraisemblablement, pas non plus n'être qu'une servile imitation de l'écriture chinoise, car, suivant l'observation très juste de M. Devéria, elle n'aurait pu prévaloir sur l'emploi de celle-ci, déjà parvenue à sa perfection, et dont les caractères eussent pu, tout en gardant leur signification, recevoir la prononciation tangoutaine.

DEUXIÈME PARTIE.

SIGNIFICATIONS.

Il entrait dans mon dessein primitif de donner sous ce titre, et avec certains développements, en même temps que les résultats auxquels j'étais parvenu, l'exposé de la méthode qui m'avait conduit au déchiffrement d'un assez grand nombre de caractères Si-hia. Cette façon de procéder aurait eu le double avantage de mettre un peu de vie et d'intérêt dans un sujet autrement fort aride, et de fournir aux orientalistes désireux de me suivre dans mes recherches un moyen de contrôle et de vérification. Je regrette que le temps ne me permette de présenter ici qu'une liste de mots Si-hia suivisde leurs équivalents en chinois; mais je tiens à donner l'assurance que le plus étroit scrupule a été apporté à cette partie de ma tâche, et que je n'ai tenu un caractère pour déchiffré que lorsque trois exemples au moins me l'avaient montré dans des expressions différentes avec une même signification.

Je ferai suivre d'un *B* entre crochets [B] les caractères dont le Dr Bushell avait déjà découvert le sens.

NUMÉRATION.

〿	九.	〿	百 [B].
〿	九 [B].	〿	千 [B].
〿	十 [B].	〿	萬 [B].
〿	十 [B].	〿	億.

Le caractère 〿, donné par le Dr Bushell comme représentant le nombre *neuf*, figure plusieurs fois dans le texte du *Lotus*, sans qu'il m'ait été possible de déterminer sa signification. Quant à 〿 qui serait, d'après le Dr Bushell, un doublet du nombre *dix*, je ne l'ai retrouvé nulle part dans le *Lotus*.

VOCABULAIRE.

〿	妙, 美, 嘉.	〿	世.
〿	法.	〿	中, 間.
〿	華.	〿	乘.
〿	經.	〿	文.
〿	相', 瑞(?).	〿	山.
〿	瑞.	〿	大 [B].
〿	序.	〿	俱.
〿	受.	〿	說, 講, 宣, 暢, 述.
〿	土, 國.	〿	諸, 普.
〿	一 (dans 一心; 一聲).	〿	後.
〿	是, 此, 斯.	〿	性.
〿	因, 故, 緣.	〿	東.
〿	" " "	〿	傳, 轉.

呪.

名，字，號.

城.

天 (ciel, dēva) [B].

天 (dēva).

德，正.

行 substantif.

行 verbe.

無.

今.

聖.

母.

王.

實 [B].

日 [B].

月 [B].

明.

照.

神.

年 [B]，載，歲.

持.

智.

數.

學.

光.

道.

本，源.

舍，廟.

餘，越，過，出 (?).

永，常.

師.

初，始，首.

善.

衆.

品.

偈.

能.

化，教.

導.

金 [B].

滿.

會.

放.

現.

定.

慧.

珠．
在，住，處．
哀，慈．
濟．
心．
子．
聞．
威．
意，
尊．
讚，歎．
盡，滅：
得．
知．
脩．
彼．
界．
音，聲．
觀．
掌．
藥．
勇．
施．

力．
人．
香．
主．
龍．
樂．
身．
動．
雨．
種．
輪．
喜，悅，歡．
欣，喜．
白．
毫．
高，上，一．
見．
塔 [B].
疑．
嚴．
莊，飾．
義．
趣．

清·
苦·
勝·
求·
車·
捨·

服·
禪·
林·
供·
演·

CARACTÈRES ENCORE DOUTEUX.

淨·
西·
根,機·
喻·
典·
多·
宗,崇,敬,重·

信·
入·
靈·
時·
昔·
丞,度·
有·

MARQUES ET PARTICULES DIVERSES.

不,非,無·

復,及,又,並,後(?)·

復,亦·

亦·

皆,俱,咸,悉 (marque de totalité)·

等 (suffixe de pluralité)·

何·

若, 或.

(marque du génitif = 之) (?), postposition marque du datif ou attributif (?).

postposition marque de l'instrumental(?)

postposition marque du locatif(?).

idem.

marque du passé (?).

者 (?). Particule dont le sens et le rôle ne sont pas encore très bien élucidés.

如, 若 (postposition = comme, semblable à).

CARACTÈRES DIVERS DÉCHIFFRÉS PAR LE Dr BUSHELL
ET QUI NE SE TROUVENT PAS DANS LE *LOTUS*.

黃.

兩 (tael).

祐.

民.

安.

甲 caractère cyclique.

戌 *idem.*

正 (dans 正 月).

戊 caractère cyclique.

子 *idem.*

安.

緡.

錢.

TROISIÈME PARTIE.

PRONONCIATIONS ET SIGNIFICATIONS.

Je réunis dans ce paragraphe les caractères, en trop petit nombre malheureusement, dont nous possédons la prononciation en même temps que le sens. Je me suis, ici, légèrement écarté de la règle que je m'étais fixée de ne donner que des résultats positivement acquis, et la liste qui suit comprend les caractères rencontrés avec ce double usage dans les textes examinés jusqu'à ce jour, alors même que leur valeur phonétique était connue sans que le sens le fût, ou inversement; pour un seul, ni la prononciation, ni le sens, n'ont pu encore être déterminés.

𡰪	De, ddhe, daih,	後.
	Le (?)	說, etc.
	Nãṃ	現.
	Le	見.
	Ma	光.
	Mu	動.
	Mi	聞.
	Ti, te	品 (?).
	Me	閑, 寂 (?).
	Nan	深 (?).
	Ta	者 (?).
	Ri, re	得 (?).

嫩　Gu　　　　　固 (?).

獉　Va　　　　　決 (?).

獙　Ye　　　　　欲 (?).

能　稚 ou *Li* (54°)　根 (?), 機 (?).

薩　Pa. Ce caractère (qui est employé en transcription dans le nom de *Utpala*) figure deux fois dans l'expression 薩 弻 疫 qui correspond à 般涅槃 = *parinirvāṇa*, et quoique penchant moi-même pour l'hypothèse phonétique, j'hésite encore à décider si ce caractère et les suivants ont été pris phonétiquement ou avec leur sens.

弻　Ḍe. L'observation ci-dessus s'applique à ce caractère, qui se représente quatre fois : deux fois dans l'expression *parinirvāṇa*, et deux fois dans celle de *nirvāṇa*. La syllabe *ḍe* pourrait, par un changement de la cérébrale *ḍ* en *n*, avoir été employée pour représenter la syllabe *ni;* c'est d'ailleurs sur cette considération que s'appuie ma préférence pour l'hypothèse phonétique.

缹	Sa, sat	?
縿	Ku, kṣu	?
薩	Ga, gha, gaṃ	?
嬌	Hā	somptueux (?).
縺	Bo	?
荒	Nī	?
瓢	R (?)	?
循	Ī	?
轟	Mi (?)	毫 (?).
裉	?	等.
繊	?	?

QUATRIÈME PARTIE.

OBSERVATIONS GRAMMATICALES.

Le *substantif*. — Les substantifs en apposition se construisent comme en chinois et suivant la même règle de position. Ex :

法輪, La roue de la Loi.

德本, Les racines de vertu.

佛慧, La science du Tathâgata.

Yaçodharā, mère de Rāhula.

Lorsque la clarté ou l'euphonie l'exigent, la particule , correspondant alors au chinois 之, est intercalée. Ex. :

衆會之心, le sentiment, la pensée des quatre assemblées.

Mais, dans la plupart des cas, joue le rôle d'un suffixe marquant soit le datif, soit l'attributif. Ex. :

爲衆講法, Expliquer la Loi aux foules.

施于佛僧, Donner une offrande aux Sugatas et aux prêtres.

L'*instrumental* est indiqué par la postposition . Ex. :

以慈脩身, Gouverner son corps par la charité.

以喻爲衆講法, Expliquer la Loi aux foules par des exemples.

Le *locatif* a pour marques, outre 𗫂, postposition qui correspond au chinois 中 et 間, les signes 𗁪 et 𗁩. Ex. :

𗫂 𗁪 𗫂 𗫂 , 於 此 悉 見 , Du lieu où je suis, je vois tout cela.

𗫂 𗁪 𗫂 𗁩 於 此 世 界 , Dans ces mondes.

L'*adjectif*. — Ainsi que le Dr Bushell l'avait noté, j'ai trouvé, dans le *Lotus*, un petit nombre de cas dans lesquels l'adjectif est placé après le substantif ; ex. : 𗫂 𗫂 𗫂 白 毫 相 , le signe de l'*ūrṇa*. Mais les exemples du contraire sont, cependant, la presque totalité. Il serait, d'ailleurs, possible que la place des adjectifs relativement aux mots qu'ils qualifient fût fixée, en Si-hia, par certaines règles d'euphonie analogues à celles de la langue française elle-même, qui exige que l'on dise « des cheveux blancs » et « une belle maison ».

Le *verbe*. — De même qu'en chinois, le verbe, en tangoutain, n'a point de conjugaison proprement dite. Les temps y sont indiqués, quelquefois simplement par le contexte, soit par des particules spécifiant que l'action a eu, a, ou aura lieu, et les noms ou pronoms préfixés suffisent à faire connaître l'auteur de cette action.

La seule — et considérable — différence entre le Si-hia et le chinois, en ce qui touche le verbe, est la place qui lui est assignée dans la construction. Il est en effet, en Si-hia, rejeté à la fin de la phrase, après tous ses compléments, ainsi qu'on l'a peut-être déjà remarqué dans quelques-uns des exemples cités plus haut. En voici d'autres :

𗫂 𗫂 𗫂 , 觀 世 音 , Avalōkitēçvara.

行脩道得, Marcher dans la voie du Yôga et en avoir des fruits.

= 東方萬八千土照, Illuminer les 18,000 terres de l'Orient.

佛智求見 (菩薩), On les voit demander la science des Tathāgatas.

常脩梵行, Être constant observateur de la conduite religieuse.

Il existe, en maints passages, soit à la fin d'un membre de phrase, soit après un verbe, certaines particules dont le sens et le rôle m'échappent encore, mais qui me paraissent avoir un emploi assez analogue à celui des particules chinoises marquant la relativité (所, 者), ou indiquant que le verbe gouverne tel ou tel cas de la déclinaison ou se trouve employé dans un sens passif. Je m'étais tout particulièrement appliqué à l'étude de ces particules dont l'importance n'échappe à personne, puisque ce sont celles qui ont mission de régler les rapports des mots entre eux dès que ces rapports viennent à se compliquer de façon que la seule règle de position ne suffise plus à les exprimer. Mais l'extraordinaire diversité des cas dans lesquels se trouvait employée une même particule la revêtait d'un tel bariolage de sens qu'il m'est demeuré impossible d'en choisir un qui répondît, ou à peu près, à tous et à chacun de ces cas. Je citerai comme exemple 者 *ta*, qui, dans le plus grand nombre des passages où il est employé, équivaut à la particule chinoise bien connue 者; mais ce serait une erreur de rendre toujours l'un par l'autre, erreur plus grave, certainement que de traduire, par exemple, ce même 者 par une expression française unique.

Quoi qu'il en soit, et encore que cette réflexion eût dû m'encourager à donner, telles quelles, mes conjectures, j'ai jugé plus prudent de m'abstenir jusqu'à ce que la suite de mes recherches me mette à même de m'aventurer avec plus de certitude dans une région trop obscure encore et où je craindrais d'être moins guidé qu'égaré par les lueurs falotes et mouvantes que l'on y entrevoit.

[illegible]

妙法華淨經典

是如 我

眾　萬六　二七　千人

想

Savants étrangers, 1re série, t. XI, IIe partie.

添品妙法蓮華經卷第一

隋天竺三藏闍那崛多共笈多譯

【麗在宋宋樹元元樹明明】

経題元明俱無添品二字，下每卷同。○末無譯號。○譯明無。三藏二字○共下元明俱有達。摩二字○多下有添品第六。四字明有添品二字。○品目上元明俱無經名。殖三本俱作植，下同。

妙法蓮華經序品第一

如是我聞。一時佛住王舍城耆闍崛山中。與大比丘衆萬二千人俱。皆是阿羅漢。諸漏已盡。無復煩惱。逮得己利。盡諸有結。心得自在。其名曰。阿若憍陳如。摩訶迦葉。優樓頻螺迦葉。伽耶迦葉。那提迦葉。舍利弗。大目乾連。摩訶迦旃延。阿㝹樓馱。劫賓那。憍梵波提。離婆多。畢陵伽婆蹉。薄拘羅。摩訶拘絺羅。難陀。孫陀羅難陀。富樓那彌多羅尼子。須菩提。阿難。羅睺羅。如是衆所知識大阿羅漢等。復有學無學二千人。摩訶波闍波提比丘尼。與眷屬六千人俱。羅睺羅母耶輸陀羅比丘尼。亦與眷屬俱。菩薩摩訶薩八萬人。皆於阿耨多羅三藐三菩提不退轉。皆得陀羅尼樂說辯才。轉不退轉法輪。供養無量百千諸佛。於諸佛所殖衆德本。常為諸佛之所稱歎。以慈修身善入佛慧。通達大智到於彼岸。名稱普

TEXTE CHINOIS CORRESPONDANT AU TEXTE SI-HIA
DE LA PLANCHE CI-CONTRE.

NOTES

SUR LA PLANCHE DE TEXTE SI-HIA.

La planche ci-jointe reproduit les trois premières feuilles du texte Si-hia du *Lotus,* et comprend un total de trois cent cinq caractères que nous avons tous numérotés pour la commodité des recherches. En regard de chacun de ces caractères nous avons placé le signe chinois qui lui correspond, suivi d'un point d'interrogation lorsque l'équivalence reste douteuse, et entouré d'un cercle dans les cas où ce caractère est une simple transcription phonétique.

De plus, toutes les fois qu'un caractère s'est rencontré à plusieurs reprises dans les trois feuilles reproduites ici, il nous a paru bon d'en faire mention par le rappel, dans les présentes notes, des numéros du texte.

Enfin, nous avons cru devoir indiquer, par les marques ordinaires de ponctuation chinoise, la séparation des clauses et des phrases, et souscrire à chaque caractère chinois des signes de numération chinoise marquant sa position dans la phrase, qu'il sera ainsi aisé de reconstituer dans sa construction primitive. Nous espérons, de cette façon, mettre le lecteur mieux à même de se rendre compte des différences syntactiques du Chinois et du Si-hia, et de faire peut-être des observations ou des rapprochements qui aideront à la découverte des affinités ou des origines de cette dernière langue.

1. 1, 30 = 妙. Dans d'autres passages, ce signe correspond aux caractères chinois 嘉 et 美.
2. 2, 13, 31, 267 = 法.
3. 3, 32 = 華.
4. 4, 33 = 淨 (?).

5. 5, 34 = 經.

6. 6, 35 = 典 (?).

7. 7, 38 = 一.

8. 8, 39 = 第 (?) postposition du numéral ordinal (?).

9. Ce caractère ne se représente plus dans la partie du *Lotus* dépouillée jusqu'à présent. Il correspond ici au caractère chinois 姚 *yao*, qui est le nom patronymique du fondateur de la dynastie des Ts'in postérieurs [後秦] établie par 姚 萇 dans la 9ᵉ année T'ai-yuan 太 元 (384 p. C.) du règne de l'empereur Hiao-wou 孝 武 de la dynastie des Tsin orientaux 東 晉. — Le caractère Si-hia en question serait donc, vraisemblablement, une transcription phonétique du signe chinois 姚 *yao*.

10. Ce caractère se présente trois fois dans le texte des préfaces du *Lotus*, et semble correspondre partout au caractère chinois 秦, nom de la dynastie citée sous le n° 9. On peut donc le considérer comme la transcription phonétique de 秦.

11, 12. J'ai retrouvé cette même expression dans l'une des préfaces du *Lotus*, celle, malheureusement, dont l'absence de version chinoise ne m'a pas permis de pousser le déchiffrement assez loin. Cette expression correspondrait, ici, à celle de 三 藏 = Tripiṭaka, du texte chinois. Toutefois, la numérale 三 étant, sans exception, représentée partout par le caractère Si-hia , il ne saurait s'agir ici d'une traduction littérale du terme chinois 三 藏.

13. 2, 13, 31, 267 = 法.

14. = 師.

15. 15 = (鳩), 97, 137 = (憍), 154 = (拘).

16. = (摩).

17. 17, 68, 107, 151, 156, 161, 169, 177, 179, 188, 215, 217, 222, 244, 256 = (羅).

18. Je n'ai rencontré nulle part ailleurs ce caractère, qui devrait, ici, correspondre au signe chinois (什), transcription de la syllabe *ji* du nom de Kumārajīva. Je dois, d'ailleurs, signaler ici une autre transcription du même nom, qui figure dans la seconde préface du *Lotus*. Dans ce passage, le nom de Kumārajīva, transcrit au moyen des mêmes caractères chinois 鳩 摩 羅 什, est représenté en Si-hia par . On remarquera, non seulement que les deux séries de caractères n'ont aucun signe commun, mais aussi qu'il n'existe entre les caractères correspondants des deux séries aucune analogie de forme.

19. Je n'ai rencontré ce caractère nulle part ailleurs.

20.   = 翻 (?), 譯 (?).

21.   = 今 (?).

22. Ce caractère, que je n'ai encore pu identifier, figure deux fois dans l'expression 絳 㿘 , qui semble correspondre, dans le texte chinois, à celle
de 如 來 — Tathāgata.

23.   = 天. On trouve, dans le texte du *Lotus*, le caractère Si-
hia 㿘 employé pour représenter le même caractère chinois 天, mais
dans son acception plus restreinte de « dêva ». La similitude des deux
signes Si-hia ne laissera pas d'attirer l'attention du lecteur et sera peut-
être de nature à fournir quelque induction sur la structure des caractères
Si-hia et la méthode qui a présidé à leur formation.

24. J'ai retrouvé ailleurs l'expression 㿘 㿘, dans un passage où elle correspondrait au composé chinois 天 子. Quant au caractère 㿘, il se présente employé seul dans une phrase où il semble être l'équivalent de 帝.
La synonymie des deux termes chinois permettrait donc de considérer
㿘 comme ayant le sens de 帝.

25. Je n'ai rencontré ce caractère nulle part ailleurs.

26. Je n'ai pas réussi, jusqu'à présent, à déterminer le sens de ce caractère, bien
qu'il se rencontre fréquemment dans le *Lotus*.

27.   = ₀重 (?).

28. Ce caractère ne figure que dans la seconde préface où il est joint au précédent et paraît correspondre à l'expression chinoise 重 昏 avec le sens de
« collationner ».

29. Je n'ai rencontré ce caractère qu'une fois et n'ai pu déterminer son sens.

30. 1, 30 = 妙.

31. 2, 13, 31, 207 = 法.

32. 3, 32 = 華.

33. 4, 33 = 淨 (?).

34. 5, 34 = 經.

35. 6, 35 = 典 (?).

36.   = 序.

37.   = 品 (?).

38. 7, 38 = 一.

39. 8, 39 = 第, postp.

40. 40, 180 = 是. Ce caractère, dans tous les passages où nous l'avons rencontré, équivaut aux démonstratifs chinois 是, 此, 斯.

41. 41, 181 = 如. Postposition qui, dans tous les passages où nous l'avons rencontrée, équivaut aux prépositions chinoises 如, 若. On remarquera la similitude de ce caractère avec le n° 49 *infra.*

42. Je n'ai retrouvé ce caractère nulle part ailleurs.

43. Dans la plupart des passages où figure ce caractère, il paraît être soit le pronom personnel 我, soit, comme ici, un affixe mettant le verbe à la première personne. Dans deux ou trois cas seulement son rôle m'a semblé inexplicable.

44. Ce caractère, que j'ai noté en tout six fois et qui correspondrait, ici, au signe chinois 一 dans l'expression 一 時, ne s'est représenté qu'une seule fois avec ce sens, dans la phrase 一 一 塔 廟, traduite en Si-hia par 𗀛 𗀛 𗢼 𗀔. Dans aucun des quatre autres cas le sens de 一 ne peut lui être attribué, et il semblerait y jouer plutôt un rôle vaguement analogue à celui de certaines particules chinoises explétives ou initiales.

45. = 時 (?).

46. 46, 276, 282, 290, 300 = 佛.

47. = 王.

48. = 舍, 廟. Ce caractère est employé indifféremment, dans le *Lotus* Si-hia, pour rendre les mots chinois précités. Dans un cas, le terme 寺 est traduit en Si-hia par les deux caractères 𗀛 𗀔 dont le sens littéral est 衆 舍 = *saṃghārāma* ou *vihāra.* — Ici, 王 舍 城 est le nom de la ville de Rājagṛha.

49. = 城 (?). On remarquera la similitude de ce caractère avec le n° 41.

50. Ici = 耆, ailleurs = 棄 et 祇.

51. 51 = 闍, 103, 109, 113, 117 = 葉, 118 = 舍, 202 = 闍.

52. Je n'ai rencontré ce caractère nulle part ailleurs. Il semble devoir être ici la transcription phonétique de 崛, dernière syllabe du nom de la montagne Gṛdhrakūṭa.

53. = 山, 嶽.

54. = 中; 間.

55. = 住, 處, 在.

56. 121, 186, 304 = 大.

57. 205, 223 = 比.

58. 206, 224 = 丘 .

59. 182, 284 = 衆 .

60. 234 = 萬 .

61. 196 = 二 . On peut remarquer ici une certaine analogie entre les modes de formation du signe 㐫 et du caractère chinois 貳 . On trouve en effet dans les deux cas une composante symbolique : 二 . La numérale Si-hia 勺 (n° 7) semble procéder du même principe, et, si l'on rapproche de cette remarque celle du n° 23, la présence d'éléments symboliques ou spécifiques dans les caractères Si-hia serait admissible, ces éléments pouvant, ou non, coexister avec les radicaux, comme d'ailleurs, dans le signe chinois 貳 . Mais, s'il en était ainsi, nous nous trouverions alors en présence d'une écriture formée suivant la méthode chinoise, avec cette différence, peut-être, que les autres traits composant les caractères seraient des éléments alphabétiques ou syllabiques. Et comment expliquer, alors. la dissemblance — signalée déjà par M. Devéria et rappelée dans la Notice qui précède — existant entre les signes Si-hia employés pour représenter phonétiquement une même syllabe ? Tout en priant le lecteur de se reporter au travail de M. Devéria et aux remarques générales qui terminent la partie « Prononciations » de notre Notice, procédons d'autre part à un court travail d'analyse, et considérons le caractère 薮 , qui est couramment employé pour représenter les syllabes *mi, me* et *māi,* et pour rendre le sens de 聞 . Il ne s'agit ici que d'un monosyllabe, car si l'on peut admettre l'adjonction d'un *t* à la diphtongue pour représenter plus exactement la syllabe *māit* dans *Māitreya,* il n'en va point de même pour *me* dans *Samera.* Or, pour transcrire la consonne *m* et la voyelle *i, e* ou *āi* — articulation essentiellement simple — nous trouvons, en treize traits de pinceau, au moins quatre éléments que l'analyse de quelques caractères suffit à faire immédiatement distinguer; ce sont : 丷 , 乁 , 井 et 夂 . Prenons maintenant ces composantes, soit isolément, soit réunies deux à deux, et examinons le tableau syllabique de la Notice, sous les initiales *m* et les finales *i, e* et *āi* : à peine y découvrirons-nous, dans un ou deux cas, un des éléments précités, et encore ne sera-ce que pour le retrouver dans d'autres caractères n'ayant avec la voyelle *mi, me* ou *māi* aucun rapport de prononciation. N'est-ce pas dire que, si l'écriture Si-hia est alphabétique ou syllabique, ou simplement phonétique — et, à mon sentiment, elle ne saurait manquer de l'être à un degré plus ou moins grand — sa loi et ses règles nous échappent encore complètement ?

Abstraction faite, pour un instant, de cette question, reprenons l'examen du caractère que nous venons d'analyser, et de ses composantes. Il ne sera pas besoin d'une longue étude de quelques caractères pour constater que tout au moins les composantes 丷 et 攵 concourent à la formation d'un assez grand nombre de signes dans lesquels ils paraissent jouer un rôle analogue à celui des classifiques chinoises plutôt qu'un rôle phonétique, car j'ai pu me convaincre de l'absolue dissimilitude de prononciation de caractères ayant une même composante semblablement placée. C'est du reste ce fait qui m'a conduit, dès le début de mes recherches, à établir un répertoire de tous les caractères Si-hia que je rencontrais, en les rangeant par radicaux. J'ai trouvé jusqu'ici 196 de ces radicaux, parmi lesquels je citerai, comme les plus fréquents : 夂 (à distinguer de 彡 et de 夊), 爻 (à distinguer de 爻 et de 芰), 川, 彡, 丄, 工, 开, 艸 (à distinguer de 开 et de 艸), etc. Je ne ferai, d'ailleurs, pas difficulté d'avouer que l'analogie est plus apparente que réelle, car tandis que la classification chinoise, faite après coup, s'est appliquée à plier aux besoins d'une lexicographie factice des caractères procédant de modes de formation très différents, l'écriture Si-hia, créée de toutes pièces et n'ayant point eu à passer par des phases d'évolution, doit avoir été conçue par son inventeur suivant un principe tout opposé consistant à forger des caractères d'après une méthode uniforme de dérivation ou de construction, faute de quoi, selon la remarque très juste de M. Devéria, elle ne fût point née viable et n'eût point subsisté à côté d'écritures alphabétiques ou monogrammatiques aussi perfectionnées que le tibétain ou le chinois. Le système imaginé par Tchao Te-ming devait donc présenter certains avantages. Les radicaux ou classifiques en auraient-ils été la base ou l'une des bases principales? A ces radicaux, déjà caractéristiques de séries ou d'espèces, aurait-on juxtaposé des éléments symboliques qui eussent fait avec eux double emploi? Comment, alors, ne trouve-t-on trace ni des uns ni des autres dans une série homogène telle que, par exemple, celle des numérales qui nous est presque en entier connue? Faut-il considérer la différence entre les deux caractères correspondant à deux acceptions du mot 天 (n° 23) comme le résultat de l'addition à l'un des deux d'éléments représentant des quiescentes étymologiques et nous voir ramenés devant le problème phonétique, alphabétique ou syllabique, ou au moyen-terme idéo-alphabétique? Et, dans ce cas particulier, pourquoi des quiescentes viendraient-elles surcharger le signe répondant à l'idée simple, alors que le dérivé en serait dépouillé? C'est sur ces points d'interrogation, et en

m'excusant auprès du lecteur d'avoir si longtemps retenu son attention
pour reconnaître l'impossibilité où je suis de formuler une conclusion ou
de me prononcer en faveur d'une hypothèse, que se termine cette note
dans laquelle je me suis laissé entraîner à présenter, au courant de la
plume, des réflexions confuses encore et que je m'étais tout d'abord promis
de réserver pour une étude ultérieure plus mûrie.

62. 197, 211, 274 = 千.

63. 198, 212,   = 人.

64. 213, 230 = 俱 (?).

65. 214, 231. Je n'ai que rarement trouvé les deux caractères 64 et 65 employés
séparément, le deuxième particulièrement. Ils forment le plus fréquemment une expression double placée à la fin des énumérations et correspondant au chinois 與 。。。俱. Mais si le caractère n° 64 m'a semblé
pouvoir répondre au sens de 俱, le suivant ne paraît point s'accommoder,
dans l'unique cas où je l'ai trouvé employé isolément, du sens de 與.

66. 66, 81, 240, 262 = 皆. Ailleurs = 俱, 咸, 悉.

67. 95, 130, 187, 241 = (阿).

68. 68 = (羅), 107 = (蠡), 151, 156, 161, 169, 177, 179, 188, 215, 217,
222, 244, 256 = (羅).

69. 189 = (漢).

70.

71. 83, 275, 281, 289 = 諸.

72.

73. De ces deux caractères, que j'ai rencontrés assez souvent, mais inversés (73,
72), dans des passages où ils correspondent à l'expression chinoise 過
去, le second seul se présente isolément dans trois ou quatre cas et paraît
être une marque du passé préfixée au verbe. Ce sens s'adapterait d'ailleurs
également bien dans l'expression 過去 qui deviendrait simplement 巳
過. Ici, ces deux caractères font partie de la phrase 諸漏巳盡, où l'on
voit que le signe n° 73 garde son rôle de marque du passé à l'égard du
verbe 盡 qui le suit. Il reste à identifier le n° 72, dont la signification
doit être celle de « faute, souillure », puisque la phrase chinoise est la traduction du sanscrit *kṣiṇāçrava* « (en qui) toutes souillures sont détruites ».
Or, si le caractère chinois 過, qui, nous l'avons vu plus haut, pourrait
répondre au caractère Si-hia n° 72 avec le sens de « passé, écoulé » dans
les expressions 過去 ou 巳過, possède également le sens de « faute,
souillure », il ne s'ensuit pas nécessairement que la langue Si-hia ait offert

IMPRIMERIE NATIONALE.

au traducteur du *Lotus* la ressource d'un signe répondant aussi exactement à toutes les significations du mot 過. Du reste, le texte chinois ne
porte point 過, mais 漏, qui veut dire « couler, s'écouler, stiller » et dont
l'emploi, pour rendre le terme *âçrava*, fut motivé par ce fait que les
Bouddhistes faisaient dériver ce terme de la racine *sru*. Sur cette sorte
de calembour étymologique, nous ne saurions mieux faire que de prier le
lecteur de se référer aux excellentes notes de Burnouf (*Lotus*, appendice
n° xiv).

Dans tous les cas, l'emploi de 漏 dans le présent passage, avec le sens de
« couler, stiller », permet précisément, à notre avis, de considérer le signe
Si-hia n° 72 comme pouvant répondre également à 過 dans son acception
de « passé, écoulé ». Ce n'est là toutefois qu'une conjecture que je donne
pour ce qu'elle vaut.

74.　　　　　= 盡, 滅.

75. Je n'ai rencontré ce caractère nulle part ailleurs.

76. (Même observation.)

77. 227 = 亦 (?). Ce caractère, qui, dans la plupart des cas, correspond à 亦,
se trouve également dans certains passages où le texte chinois donne 復
et 及. Aussi son sens et son rôle restent-ils encore quelque peu obs-
curs.

78. 195 = 無 (?). Cette particule Si-hia correspond constamment au caractère
chinois 無, mais comme elle est parfois préposée et d'autres fois postpo-
sée, j'ai cru devoir la faire suivre d'un point d'interrogation pour marquer
l'incertitude dans laquelle je suis sur son rôle exact.

79. 88 = 己 (?), 自 (?).

80. Je n'ai rencontré ce caractère nulle part ailleurs.

81. 66, 240, 262 = 皆, 俱, 咸, 悉.

82. 90, 263 = 得.

83. 71, 275, 281, 289 = 諸.

84. 193 = 有 (?). Ce caractère est très fréquent dans notre texte, où il correspond constamment à 有 et occupe la place ordinaire du verbe en Si-hia.
Comme je ne m'explique pas très bien le rôle qu'il joue ici après 諸, je
l'ai noté cependant d'un point d'interrogation.

85. Je n'ai rencontré ce caractère nulle part ailleurs.

86. Je n'ai rencontré ce caractère nulle part ailleurs dans le *Lotus*, mais il figure,
avec le son ī (?) dans les inscriptions phonétiques de Kiu-yong-kouan.
On remarquera que le caractère 盡 n'est plus rendu, ici, par le signe
Si-hia qui lui correspondait plus haut (n° 74).

87.　　　　　= 心.

88. 79 = 自 (?), 己 (?).

89. Ce caractère qui, joint au précédent, est partout l'équivalent de l'expression chinoise 自 在, correspond, dans le seul passage où il se trouve employé isolément (各 領 四 天 下), au caractère chinois 領 « commander, régir, être maître de ». Évidemment, ce dernier sens est plus conforme à l'étymologie sanscrite, puisque *îçvara* = « maître, seigneur, puissant », mais c'est là une acception que ne possède point en lui-même le caractère chinois 在, et, à moins qu'elle ne lui ait été conférée par la tradition des premiers traducteurs des canons bouddhiques, il serait surprenant de la voir passée dans la version Si-hia. Je pencherais néanmoins, quant à moi, en faveur de l'attribution au présent signe du sens « dominer, régir, être maître de ».

90. 82, 263 = 得.

91. Pronom de la 3e personne (??).

92. 277, 291 = 之. Cette particule est une de celles qui jouent un rôle assez important dans la phrase Si-hia, et elle peut être, pour la variété de ses attributions, comparée au 之 chinois dont elle est l'équivalent. Le plus souvent marque du génitif — comme ici probablement, — elle sert aussi, fréquemment, à placer au datif, et parfois à l'ablatif le ou les mots qui la précèdent.

93.   = 名, 號, 字.

94.   = 者 (?), 所 (?) = *ta, tā* (d'après l'inscription de Kiu-yong-kouan). Cette particule, dont j'ai parlé déjà à la fin de la Notice, avait attiré tout spécialement mon attention en raison de l'importance que je lui supposais. Mais je l'ai trouvée de sens si fuyant que j'attendrai d'avoir réuni un plus grand nombre d'observations sur son emploi, pour l'étudier de plus près.

95. 67, 130, 187, 241 = (阿).

96. Je n'ai rencontré ce caractère nulle part ailleurs,

97. 15, 137, 154 = (鳩), (憍), (拘).

98. Je n'ai rencontré ce caractère, ailleurs, que dans le nom de Jñānagupta, où il devait représenter le son (崛) (transcrit plus haut, n° 52, par un autre signe), alors qu'il équivaudrait ici au son du caractère chinois (陳).

99. Je n'ai rencontré ce caractère nulle part ailleurs.

100. 125, 152, 199, 237 = (摩).

101. 126, 153, 200, 238 = (訶).

8.

102. 108, 112, 116, 127, 134, 146 = 迦, 伽, 劫, 吉. (Cf. infra, 110.)

103. 51, 109, 113, 117, 118, 202 = 闍, 葉, 舍.

104. = 優.

105. 132, 165 = 樓.

106.

107. 68, 151, 156, 161, 169, 177, 179, 188, 215, 217, 222, 244, 256 = 羅, 螺.

108. 102, 112, 116, 127, 134, 146 = 迦, 伽, 劫, 吉.

109. 51, 103, 113, 117, 118, 202 = 闍, 葉, 舍.

110. = 伽, 佉, 乾. (Cf. supra, 102.)

111. 219 = 耶.

112. 102, 108, 116, 127, 134, 146. (V. supra.)

113. 51, 103, 109, 117, 118, 202. (V. supra.)

114. 136, 166 = 那.

115. 140, 204 = 提. (Cf. 174.)

116. 102, 108, 112, 127, 134, 146. (V. supra.)

117. 51, 103, 109, 113, 118, 202. (V. supra.)

118. 51, 103, 109, 113, 117, 202. (V. supra.)

119. Je n'ai rencontré ce caractère nulle part ailleurs.

120. 171 = 子. (V. Notice, partie « Prononciations », 14°.)

121. 56, 186, 304 = 大.

122. Je n'ai plus rencontré ce caractère, mais il figure, dans les inscriptions de Kiu-yong-kouan, avec le son *bo, bhā*. Il correspondrait ici à 目.

123. Je n'ai rencontré ce caractère nulle part ailleurs.

124. 145 = 連, 陵.

125. 100, 152, 199, 237. (V. supra.)

126. 101, 153, 200, 238. (V. supra.)

127. 102, 108, 112, 116, 134, 146. (V. supra.)

128. = 旃, 栴.

129. Je n'ai rencontré ce caractère nulle part ailleurs.

130. 67, 95, 187, 241. (V. supra.)

131. Je n'ai rencontré ce caractère nulle part ailleurs.

132. 105, 165. (V. supra.)

133.   = (馱), 158, 160, 163, 221, 256 = (陀), *alias* = (墮).

134. 102, 108, 112, 116, 127, 246. (V. supra.)

135. 144 = (賓), (畢).

136. 114, 166. (V. supra.)

137. 15, 97, 154. (V. supra.)

138.   = (梵).

139.   = (波), 173 = (菩), 201, 203 = (波), 235, 248 = (菩).

140. 115, 204. (V. supra.)

141. Je n'ai rencontré ce caractère nulle part ailleurs.

142. 147 = (婆), *alias* = (顏).

143. 168, 243 = (多).

144. 136. (V. supra.)

145. 124. (V. supra.)

146. 102, 108, 112, 116, 127, 134. (V. supra.)

147. 142. (V. supra.)

148. Je n'ai rencontré ce caractère nulle part ailleurs.

149. (Même observation.)

150. (Même observation.)

151. 68, 107, 151, 156, 161, 169, 177, 179, 188, 215, 217, 222, 244, 256. (V. supra.)

152. 100, 125, 199, 237. (V. supra.)

153. 101, 126, 200, 238. (V. supra.)

154. 15, 97, 137. (V. supra.)

155. Je n'ai rencontré ce caractère nulle part ailleurs.

156. 68, 107, 151, 161, 169, 177, 179, 188, 215, 217, 222, 244, 256. (V. supra.)

157. 162, 176 = (難).

158. 133, 160, 163, 221, 256. (V. supra.)

159. Je n'ai rencontré ce caractère nulle part ailleurs.

160. 133, 158, 163, 221, 256. (V. supra.)

161. 68, 107, 151, 156, 169, 177, 179, 188, 215, 217, 222, 244, 256. (V. supra.)

162. 157, 176. (V. supra.)

163. 133, 158, 160, 221, 256. (V. supra.)

164. Je n'ai rencontré ce caractère nulle part ailleurs.

165. 105, 132. (V. supra.)

166. 114, 136. (V. supra.)

167.   = (彌), = 聞.

168. 143, 243. (V. supra.)

169. 68, 107, 151, 156, 161, 177, 179, 188, 215, 217, 222, 244, 256. (V. supra.)

170. 207, 225, 257 = (尼).

171. 120. (V. supra.)

172.   = (須).

173. 139, 201, 203, 235, 248. (V. supra.)

174. 249 = (提). (Cf. 115.)

175. Je n'ai rencontré ce caractère nulle part ailleurs.

176. 157, 162. (V. supra.)

177. 68, 107, 151, 156, 161, 169, 179, 188, 215, 217, 222, 244, 256. (V. supra.)

178. 216 = (賺).

179. 68, 107, 151, 156, 161, 169, 177, 188, 215, 217, 222, 244, 256. (V. supra.)

180. 40. (V. supra.)

181. 41. (V. supra.)

182. 284 = 衆.

183. = 知. Nous devons faire remarquer ici qu'en raison de la position particulière du verbe en Si-hia, le caractère 衆 se trouverait être le complément direct, à l'accusatif, du verbe 知, d'où il résulterait contresens ou amphibologie. Le verbe en question doit donc être suivi d'une particule déterminative quelconque.

184. Je n'ai rencontré ce caractère nulle part ailleurs. Il devrait, ici, correspondre au verbe chinois 識. En l'absence de tout autre point de repère, je signalerai sa ressemblance avec le caractère n° 301 qui entre en entier dans sa composition, et répond au sens de 慧.

185. Ce caractère, que malheureusement nous n'avons pas rencontré ailleurs, est peut-être la particule dont nous parlions à l'instant (n° 183). Il a avec le n° 84 une certaine ressemblance.

186. 56, 121, 304. (V. supra.)

187. 67, 95, 130, 241. (V. supra.)

188. 68, 107, 151, 156, 161, 169, 177, 179, 215, 217, 222, 244, 256. (V. supra.)

189. 69. (V. supra.)

190.   = 等.

191. 232 = 復, *alias* = 及, 叉, 並, 後 (?). On peut juger, par cette énumération, de la diversité des cas dans lesquels ce caractère est employé, soit seul, soit précédé ou suivi de particules modifiant plus ou moins son sens. (Cf. 226.)

192. 194 = 學.

193. 84. (V. supra.)

194. 192. (V. supra.)

195. 78. (V. supra.)

196. 61. (V. supra.)

197. 62, 211, 274. (V. supra.)

198. 63, 212. (V. supra.)

199. 100, 125, 152, 237. (V. supra.)

200. 101, 126, 153, 238. (V. supra.)

201. 139, 173, 203, 235, 248. (V. supra.)

202. 51, 103, 109, 113, 117, 118. (V. supra.)

203. 139, 173, 201, 235, 248. (V. supra.)

204. 115, 140. (V. supra.)

205. 57, 223. (V. supra.)

206. 58, 224. (V. supra.)

207. 170, 225, 257. (V. supra.)

208. 228.
209. 229. Sauf dans un seul cas où le n° 209 se présente séparément, ces deux caractères sont toujours réunis pour former une expression correspondant à celle de 眷屬 du texte chinois.

210.   = 六.

211. 62, 197, 274. (V. supra.)

212. 63, 198. (V. supra.)

213. 64, 230. (V. supra.)

214. 65, 231. (V. supra.)

215. 68, 107, 151, 156, 161, 169, 177, 179, 188, 217, 222, 244, 256. (V. supra.)

216. 178. (V. supra.)

217. 68, 107, 151, 156, 161, 169, 177, 179, 188, 215, 222, 244, 256. (V. supra.)

218.   = 毋 (?).

219. 111. (V. supra.)

220.   = (輸), (殊).

221. 138, 158, 160, 163, 255. (V. supra.)

222. 68, 107, 151, 156, 161, 169, 177, 179, 188, 215, 217, 244, 256. (V. supra.)

223. 57, 205. (V. supra.)

224. 58, 206. (V. supra.)

225. 170, 207, 257. (V. supra.)

226. 280 = 復 (??). [Cf. 191].

227. 77. (V. supra.)

Voici (n° 226) le troisième signe Si-hia que nous voyons employé pour rendre le sens de 復 ou ses analogues, soit par lui seul, soit par son association avec un autre caractère, tels que les n°ˢ 77, 191 et d'autres dont nous n'aurons pas l'occasion de nous occuper ici. Je n'ai pas, jusqu'à présent, réussi à déterminer à quelles nuances d'expression répondent ces diverses combinaisons de caractères qui paraissent sensiblement synonymes.

228. 208. (V. supra.)

229. 209. (V. supra.)

230. 64, 213. (V. supra.)

231. 65, 214. (V. supra.)

232. 191. (V. supra.)

233.   = 八.

234. 60. (V. supra.)

235. 139, 173, 201, 203, 248. (V. supra.)

236. 239 = (薩).

237. 100, 125, 152, 199. (V. supra.)

238. 101, 126, 153, 200. (V. supra.)

239. 236. (V. supra.)

240. 66, 81, 262. (V. supra.)

241. 67, 95, 130, 187. (V. supra.)

242.   = (耨).

243. 143, 168. (V. supra.)

244. 68, 107, 151, 156, 161, 169, 177, 179, 188, 215, 217, 222, 256. (V. supra.)

245. 247 = (三).

246.   = (貔).

247. 245. (V. supra.)

248. 139, 173, 201, 203, 235. (V. supra.)

249. 174. (V. supra.)

250. Dans les six cas où je l'ai trouvé employé, ce caractère m'a paru jouer le rôle d'une marque du locatif. (Cf. 283.)

251. 264 = 不. Dans d'autres passages, ce caractère correspond à 非 et 無 du texte chinois; mais c'est toujours une particule négative placée avant le verbe.

252. 265 = 退 (?).

253. 266 = 轉 (?). [V. infra, 269.]

254. Je n'ai pas réussi à déterminer le sens de ce caractère.

255. 133, 158, 160, 163, 221. (V. supra.)

256. 68, 107, 151, 156, 161, 169, 177, 179, 188, 215, 217, 222, 244. (V. supra.)

257. 170, 207, 225. (V. supra.)

258.   = 說 (alias = 講, 宣, 暢, 述).

259.   = 樂 (?), 欣 (?).

260.

261. Je n'ai rencontré ce caractère nulle part ailleurs.

262. 66, 81, 240. (V. supra.)

263. 82, 90. (V. supra.)

264. 251. (V. supra.)

265. 252. (V. supra.)

266. 253. (V. supra.)

267. 2, 13, 31. (V. supra.)

268. = 輪 (?).

269. = 轉. Nous avons déjà vu plus haut (nᵒˢ 253 et 266) le caractère 轉 représenté par un autre signe Si-hia. Mais j'ai trouvé plusieurs fois, en d'autres passages, le nᵒ 269 employé pour rendre le sens de 傳 « propager, répandre », qui est bien celui de 轉 ici, car, ainsi qu'on le sait, l'expression « faire tourner la roue de la Loi » équivaut à « propager la doctrine du Bouddha ».

270. 303 = 能.

271, 272. A tous les passages du texte chinois comprenant le terme 無量 correspond en Si-hia l'expression présente. Deux fois seulement le premier caractère s'est rencontré séparé du second, qui lui-même ne figure isolé que dans un seul passage. Il semblerait y rendre le sens de 量, puisque le texte chinois porte 無價服 « des vêtements sans prix » et qu'on peut, à la rigueur, admettre entre 量 et 價 une synonymie suffisante pour que les deux termes puissent être dans certains cas interchangés. Toutefois, comme, dans cet exemple, la négation 無 est rendue par la postposition nᵒ 78, et que, d'autre part, le caractère 271, dans les deux cas précités — où il pourrait avoir la valeur d'une particule négative — se trouverait être postposé, nous hésitons, on le comprend, à émettre une suggestion sur la valeur de l'un ou de l'autre de ces caractères.

273. ＝百.

274. 62, 197, 211. (V. supra.)

275. 71, 83, 281, 289. (V. supra.)

276. 46, 282, 290, 300. (V. supra.)

277. 92, 291. (V. supra.) Nous retrouvons ici la particule n° 92 faisant de 無量百千諸佛 le complément du verbe 供養 qui suit, c'est-à-dire jouant le rôle d'une marque soit d'accusatif, soit de datif, suivant que le verbe Si-hia « honorer » gouverne l'un ou l'autre de ces cas. Nous verrons plus bas la même particule employée pour rendre une sorte d'instrumental (cf. 291).

278. Ce caractère qui, joint au suivant, sert constamment à rendre l'expression chinoise 供養, est également très fréquemment employé comme équivalent de 求 dans la phrase 求佛道 ou des phrases analogues.

279. Sauf dans deux cas, ce caractère est toujours uni au précédent pour former une expression qui correspond à celle de 供養. Encore, dans l'un des cas où il s'en trouve séparé, est-il employé à rendre cette même expression, tandis qu'il équivaut, dans l'autre, au caractère chinois 供 employé seul.

280. 226. (V. supra.)

281. 71, 83, 275, 289. (V. supra.)

282. 46, 290, 300. (V. supra.)

283. Postposition du locatif (?). [Cf. 250.]

284. 59, 182. (V. supra.)

285. ＝德, ＝正.

286. ＝本, ＝源.

287. Je n'ai rencontré ce caractère nulle part ailleurs.

288. ＝常, ＝永.

289. 71, 83, 275, 281. (V. supra.)

290. 46, 282, 300. (V. supra.)

291. 92, 277. (V. supra.) C'est ici une sorte de cas instrumental ou causatif que marque la particule 92 que nous avons vue plus haut dans d'autres rôles. Son attribution est du moins, dans la présente phrase, exactement la même que celle du 之 chinois.

292. ＝讚, ＝歎.

293. ＝現.

294, 295. D'après les différents passages où j'ai rencontré ces deux caractères soit associés, soit séparés, j'inclinerais à attribuer au premier le sens d'une marque de relativité analogue à 所, et au second celui du verbe « être » 爲, ce qui, en somme, reviendrait à prendre l'expression présente comme une marque de la voix passive. Mais j'ajoute que cette simple conjecture demanderait à être sérieusement confirmée.

296.   = 慈, = 哀.
297.   = 以 (postposition).
298.   = 身.
299.   = 脩.
300. 46, 282, 290. (V. supra.)
301.   = 慧. (Cf. 184.)
302.   = 入.
303. 270. (V. supra.)
304. 56, 121, 186. (V. supra.)
305.   = 智.

PUBLICATIONS DE L'ACADÉMIE.

DELOCHE (M.). Des indices de l'occupation par les Ligures de la région qui fut plus tard appelée *la Gaule* (1897).................... o fr. 80

— *Pagi et Vicairies* du Limousin aux IX*, X* et XI* siècles, avec une carte (1899)... 3 fr. 50

DEVÉRIA (G.). L'écriture du royaume de Si-Hia ou Tangout, avec deux planches (1898)... 2 fr.

DIEULAFOY (M.). Le Château-Gaillard et l'architecture militaire au XIII* siècle, avec vingt-cinq figures (1898)...................... 3 fr.

— La bataille de Muret (1899).............. 2 fr.

EUTING (J.). Notice sur un papyrus égypto-araméen de la Bibliothèque impériale de Strasbourg (1903)........................ 1 fr. 40

FOUCART (P.). Recherches sur l'origine et la nature des mystères d'Éleusis (1895).. 3 fr. 50

— Les grands mystères d'Éleusis. Personnel. Cérémonies (1900)................... 6 fr. 50

— Formation de la province romaine d'Asie (1903)............................ 3 fr.

FOUCHER (A.). Catalogue des peintures népâlaises et tibétaines de la collection B.-H Hodgson à la bibliothèque de l'Institut de France (1897)......................... 1 fr. 70

FUNCK-BRENTANO (Fr.). Mémoire sur la bataille de Courtrai (11 juillet 1302) et les chroniqueurs qui en ont traité, pour servir à l'historiographie du règne de Philippe le Bel (1891). 4 fr. 40

GIRY (A.). Étude critique de quelques documents angevins de l'époque carolingienne (1900). 3 fr. 50.

GRAUX (Ch.). Traité de tactique connu sous le titre Περὶ καταστάσεως ἀπλήκτου, *Traité de castramétation*, rédigé par ordre de Nicéphore Phocas, texte grec inédit, augmenté d'une préface par Albert Martin (1898).............. 2 fr 60

HAURÉAU (B.). Notices sur les numéros 3143, 14877, 16089 et 16409 des manuscrits latins de la Bibliothèque nationale, quatre fascicules (1890-1895). o fr. 80, 1 fr. 40, 1 fr. 70 et 2 fr.

— Le poème adressé par Abélard à son fils Astralabe (1893)...................... 2 fr.

— Notices sur les manuscrits n°s 583, 657, 1249, 2945, 2950, 3145, 3146, 3437, 3473, 3482, 3495, 3498, 3652, 3702, 3730 (1904). 2 fr. 30

HELBIG (W.). Sur la question Mycénienne (1896)........................... 3 fr. 50

— Les vases du Dipylon et les Naucraries, avec vingt-cinq figures (1898).......... 1 fr. 70

— Les ἱππεῖς athéniens (1903)........... 5 fr.

JOULIN (L.). Les établissements gallo-romains de Martres-Tolosanes, avec vingt-cinq planches (1901)...................... 18 fr. 80

LANGLOIS (Ch.-V.). Formulaires de lettres du XII*, du XIII* et du XIV* siècle, six fascicules, avec deux planches (1890-1897)....... 8 fr. 10

LASTEYRIE (Comte R. DE). L'église Saint-Martin de Tours, étude critique sur l'histoire et la forme de ce monument du V* au XI* siècle (1891)........................ 2 fr. 60

LE BLANT (Edmond). De l'ancienne croyance à des moyens secrets de défier la torture (1892)........................ o fr. 80

— Note sur quelques anciens talismans de bataille (1893)......................... o fr. 30

— Sur deux déclamations attribuées à Quintilien, note pour servir à l'histoire de la magie (1895).......................... 1 fr. 10

— 750 inscriptions de pierres gravées inédites ou peu connues, avec deux planches (1896)...................... 8 fr. 75

— Les commentaires des Livres saints et les artistes chrétiens des premiers siècles (1899).. 1 fr.

— Artémidore (1899)..................... 1 fr.

LUCE (S.). Jeanne Paynel à Chantilly (1892). 4 fr. 70

MAS LATRIE (Comte DE). De l'empoisonnement politique dans la république de Venise (1893)......................... 2 fr. 90

MENANT (J.). Kar-Kemish, sa position d'après les découvertes modernes, avec carte et figures (1891)......................... 3 fr. 50

— Éléments du syllabaire hétéen (1892). 4 fr. 40

MEYER (P.). Notices sur quelques manuscrits français de la bibliothèque Phillipps à Cheltenham (1891)....................... 4 fr. 70

— Notice sur un recueil d'*Exempla* renfermé dans le ms. B. IV. 19 de la bibliothèque capitulaire de Durham (1891)................. 2 fr.

— Notice sur un manuscrit d'Orléans contenant d'anciens miracles de la Vierge en vers français, avec planche (1893)........... 1 fr. 70

— Notice sur le recueil de miracles de la Vierge, renfermé dans le ms. Bibl. nat. fr. 818 (1893)........................ 1 fr. 70

— Notice de deux manuscrits de la vie de saint Remi, en vers français, ayant appartenu à Charles V, avec une planche (1895)........................ 1 fr. 40

— Notice sur le manuscrit fr. 24862 de la Bibliothèque nationale, contenant divers ouvrages composés ou écrits en Angleterre (1895)........................ 2 fr.

— Notice du manuscrit Bibl. nat. fr. 6447 : traduction de divers livres de la Bible; légendes des saints (1896)..................... 3 fr. 20

— Notice sur les *Corrogationes Promethei* d'Alexandre Neckam (1897)................... 2 fr.

— Notice sur un Légendier français du XIII* siècle, classé selon l'ordre de l'année liturgique (1898)...................... 3 fr.

... Gia Leridha ...-laumier (1436-1532) ... 2 fr. 50

... proverbes français attribués à ... 3 fr. 60

... français conservé à la Bibliothèque impériale de Saint-Pétersbourg ... 2 fr. 50

... d'un manuscrit de Trinity College [Cambridge] contenant les vies en vers français de saint Jean l'aumônier et de saint Clément, ... (1903) ... 2 fr. 50

(G.). Contribution préliminaire à l'étude de l'écriture et de la langue Si-Hia (1904) ... 3 fr. 50

(V.) et TANNERY (P.). Un nouveau texte des traités d'arpentage et de géométrie d'Epaphroditus et de Vitruvius Rufus, avec deux planches (1896) ... 2 fr. 60

MÜNTZ (E.). Les collections d'antiques formées par les Médicis au XVIe siècle (1895) ... 3 fr. 50

— La tiare pontificale du VIIIe au XVIe siècle, avec figures (1897) ... 3 fr. 80

— Le Musée de portraits de Paul Jove, contributions pour servir à l'iconographie du moyen âge et de la Renaissance, avec 55 portraits (1900) ... 3 fr. 80

NOLHAC (P. DE). Le *De viris illustribus* de Pétrarque; notice sur les manuscrits originaux, suivie de fragments inédits (1890) ... 3 fr. 80

— Le Virgile du Vatican et ses peintures, avec une planche (1897) ... 4 fr. 70

OMONT (H.). Journal autobiographique du cardinal Jérôme Aléandre (1480-1530), publié d'après les manuscrits de Paris et Udine, avec deux planches (1895) ... 5 fr. 30

— Notice sur un très ancien manuscrit grec de l'évangile de saint Matthieu en onciales d'or sur parchemin pourpre et orné de miniatures, conservé à la Bibliothèque nationale, avec deux planches (1900) ... 4 fr.

— Notice du ms. nouv. acq. franç. 10050 de la Bibliothèque nationale, contenant un nouveau texte français de la *Fleur des histoires de la terre d'Orient* de Hayton (1903) ... 2 fr. 60

— Notice du ms. nouv. acq. lat. 763 de la Bibliothèque nationale et de quelques autres mss. provenant de Saint-Maximin de Trèves (1903) ... 2 fr. 60

PÉLISSIER (L.-G.). Sur des dates ... inédites de Jean Lascaris, ambassadeur de France à Venise, 1504-1509 (1903) ...

RAVAISSON (F.). La Vénus de Milo, six planches (1892) ...

— Une œuvre de Pisanello, avec quatre planches (1895) ...

— Monuments grecs relatifs à Achille, ... planches (1895) ...

ROBIOU (F.). L'état religieux de la Grèce et de l'Orient au siècle d'Alexandre, deux fascicules (1893-1895) ... 4 fr. et

SCHWAB (M.). Vocabulaire de l'Angélologie ... les manuscrits hébreux de la Bibliothèque nationale (1897) ...

— Le manuscrit n° 1380 du fonds hébreu ... Bibliothèque nationale. Supplément au Vocabulaire de l'Angélologie (1899) ...

— Le manuscrit hébreu n° 1388 de la Bibliothèque nationale, *Haggadah pascale* (1903) ...

SPIEGELBERG (W.). Correspondances du temps des rois-prêtres, publiées avec d'autres ... épistolaires de la Bibliothèque nationale, huit planches (1895) ...

TANNERY (P.). Le traité du quadrant de maître Robert Anglès (Montpellier, XIIIe siècle), latin et ancienne traduction grecque, figures (1897) ...

TANNERY (P.) et CLERVAL. Une correspondance d'écolâtres du XIe siècle (1900) ...

TOUTAIN (J.). Fouilles à Chemtou (Tunisie), septembre-novembre 1892, avec ... (1893) ...

— L'inscription d'Henchir Mettich. Un nouveau document sur la propriété agricole dans l'Afrique romaine, avec quatre planches (1897) ...

VIOLLET (P.). Mémoire sur la *Tanistry* (1890) ...

— La question de la légitimité à l'avènement de Hugues Capet (1892) ...

— Comment les femmes ont été exclues en France de la succession à la couronne (1893) ...

— Les États de Paris en février 1358 (1894) ...

— Les communes françaises au ... (1900) ...

WEIL (H.). Des traces de remaniement dans les drames d'Eschyle (1890) ...

www.ingramcontent.com/pod-product-compliance
Lightning Source LLC
LaVergne TN
LVHW020211030726
842520LV00003B/1003